100% AMST

W0174097

SPAZIERGANG 1: ZENTRUM

Die meisten Amsterdam-Besucher kennen die Kalverstraat und De Wallen, doch das Zentrum hat viel mehr zu bieten. Lassen Sie sich von besonderen Lokalen und historischen Orten wie dem Begijnhofje überraschen, und entdecken Sie auch das ruhige Amsterdam an und auf den Grachten.

SPAZIERGANG 2: JORDAAN & NEGEN STRAATJES

Das Jordaan-Viertel ist die gemütlichste Gegend der Stadt. In den jahrhundertealten Kneipen und auf dem Noordermarkt erlebt man Amsterdamer Lebensfreude. Baudenkmäler gibt es in den Straßen der Negen Straatjes, wo man auch prima shoppen kann.

SPAZIERGANG 3: OUD-WEST & VONDELPARK

Schicke Geschäfte, fürstliche Anwesen, das Concertgebouw, berühmte Museen mit Werken niederländischer Meister: Die Gegend um den Vondelpark gehört zu den reicheren der Stadt. Oud-West ist ein aufstrebender Stadtteil mit zahlreichen interessanten Start-ups.

SPAZIERGANG 4: WEST & WESTERPARK

Mit großem Erfolg haben die Bewohner und Unternehmer der Viertel De Baarsjes und Bos en Lommer dazu beigetragen, dass der gesamte Stadtteil West und Westerpark zu einem der angenehmsten Amsterdams wurde. Der etwas raue Charakter ist geblieben, aber genau das macht der Charme aus.

SPAZIERGANG 5: OOST & DE PIJP

Oost mit den Vierteln Indische Buurt, Dappermarkt und Oosterpark wird geprägt von exotischen Läden, beliebten Cafés und guten Restaurants. Im multikulturellen Szeneviertel De Pijp jenseits der Amstel gibt es internationale Restaurants und ausgefallene Concept-Stores.

SPAZIERGANG 6: DE EILANDEN & NOORD

Der besondere Reiz der Inseln des östlichen Hafengebiets mit ihren architektonischen Highlights ist der Kontrast zwischen Modern und Alt. Noord hat sich in den vergangenen Jahren zu einem Hotspot entwickelt, nicht zuletzt durch seine Größe, den industriellen Charakter und seine Läden und Lokale.

100% AMSTERDAM

In Amsterdam gibt es unglaublich viel zu sehen und zu erleben – aber wo fängt man am besten an? Sicher möchten Sie die berühmten Museen besuchen und das Leben in den gemütlichen Restaurants und schönen Cafés in den aufstrebenden Stadtteilen West und Oost genießen. Auch die historischen Gebäude rund um De Wallen und De Dam dürfen Sie nicht verpassen. Kunst- und Kulturliebhaber erwartet auf der NDSM-Werft, in der Stadtoase Roest und auf dem Westergasgelände ein volles Programm. 100% Amsterdam zeigt Ihnen, was Sie auf keinen Fall verpassen sollten. Sightseeing & Shopping, Ausgehen & Abenteuer – die übersichtlichen Stadtpläne weisen Ihnen den Weg.

AUF 6 SPAZIERGÄNGEN 100% AMSTERDAM ERLEBEN!

Inhalt

100% übersichtlich

Erleben Sie 100% Amsterdam auf sechs Spaziergängen. Jedes Kapitel im
100% Cityguide ist einem Spaziergang gewidmet. Am Kapitelende gibt es eine
Karte mit der Kurzbeschreibung des Spaziergangs. Auf der Karte in der vorderen
Umschlagklappe sehen Sie die drei Kartenausschnitte im Überblick. Dort finden
Sie anhand der Buchstaben Ⓐ bis Ⓧ alle Hotels sowie die Sehenswürdigkei-
ten und Ausgehtipps, die nicht auf einem der Spaziergänge liegen.

In den sechs Kapiteln beschreiben wir ausführlich, welche Sehenswürdigkeiten
Sie auf den Spaziergängen entdecken können und wo man gut essen, trinken,
shoppen, feiern und relaxen kann. Alle Adressen sind mit einer Nummer ①
gekennzeichnet, die Sie im Stadtteilplan am Ende des Kapitels wiederfinden.
An der Farbgebung der Nummer können Sie erkennen, zu welcher Kategorie
die jeweilige Adresse gehört:

🔵 Sehenswürdigkeiten   🟢 Shoppen
🔴 Essen & Trinken   🟠 Amsterdam live

SECHS SPAZIERGÄNGE

Zu jedem Kapitel gehört ein Spaziergang, der – ohne Besuch der genannten
Adressen – ungefähr drei Stunden dauert. Die Länge der Strecke (in km)
finden Sie über der Wegbeschreibung und auf den einzelnen Stadtteilplänen
sehen Sie den genauen Verlauf der Route. Die Beschreibung neben dem Stadt-
plan führt Sie entlang der Sehenswürdigkeiten zu den schönsten Adressen. So
entdecken Sie fast nebenbei die besten Shopping-Gelegenheiten, die nettesten
Restaurants und die angesagtesten Cafés und Bars. Wer irgendwann keine
Lust mehr hat, der Route zu folgen, kann aufgrund der Tipps und Pläne auch
wunderbar auf eigene Faust Entdeckungen machen.

PREISANGABE BEI HOTELS UND RESTAURANTS

Um Ihnen eine Vorstellung von den Preisen in den Hotels und Restaurants zu
geben, finden Sie bei den Anschriften stets auch die Preise. Die Angaben für
Hotels beziehen sich auf ein Doppelzimmer mit Frühstück pro Nacht, es sei denn,
es ist etwas anderes angegeben. Die Angaben für die Restaurants nennen –
wenn nicht anders verzeichnet – den Durchschnittspreis eines Hauptgerichts.

GUT ZU WISSEN

In den beliebten Einkaufsstraßen im Zentrum sind die meisten Geschäfte an allen Wochentagen geöffnet, oft auch an Feiertagen. Die gängigen Öffnungszeiten sind: Mo 13–18 Uhr, Di-Sa 9–18 Uhr und So 12–17 Uhr. Am Donnerstagabend ist koopavond und kann man überall im Zentrum bis 21 Uhr einkaufen.

GESETZLICHE FEIERTAGE

Neben den beweglichen Feiertagen Ostern, Christi Himmelfahrt und Pfingsten gelten in den Niederlanden die folgenden offiziellen Feiertage:

1. Januar	Neujahr
27. April	Königstag
5. Mai	Befreiungstag (Nationalfeiertag)
25. & 26. Dezember	Weihnachten

An den Feiertagen 27. April und 5. Mai herrscht in Amsterdam Ausnahmezustand und ist die ganze Innenstadt eine einzige Festmeile in Orange. Wer die Stadt an diesen Tagen besuchen möchte und eine Unterkunft braucht, sollte möglichst frühzeitig buchen.

FESTIVALS UND VERANSTALTUNGEN

In ganz Amsterdam gibt es, vor allem im Sommer, jährlich stattfindende Festivals. Hier folgt eine Auswahl der größten Events:

Rollende Keukens – Mai & Juni (*www.rollendekeukens.nl*)
Food trucks ("rollende Küchen"), Livemusik und viel Fingerfood: ein kulinarisches Festival auf dem Westergasgelände und im Westerpark.

Amsterdam Roots – Juni (*www.amsterdamroots.nl*)
Weltmusik- und Kulturfestival mit jährlich etwa 60 Konzerten an verschiedenen Veranstaltungsorten plus Freiluftfestival Roots Open Air im Oosterpark.

Zomer in de Tolhuistuin – Juni, Juli & August (*www.tolhuistuin.nl*)
Kulturfestival mit Freiluftbühne, Musik, Tanzfläche aus Holz und leckerem Essen im Park des Tolhuistuin in Noord.

Keti Koti Festival – 1. Juli (*www.ketikotiamsterdam.nl*)
Gedenkfeier zur Abschaffung der Sklaverei in den ehemaligen niederländischen Kolonien. Ausgelassenes (Musik-)Fest im Oosterpark.

Julidans – Juli (*www.julidans.nl*)
Renommiertes Festival mit internationalem, modernem Tanz. Vorstellungen in der ganzen Stadt.

Appelsap – letzter Sonntag im Juli (*www.appelsap.net*)
Musikfestival im Oosterpark. Hip-Hop, Urban Music, Soul, Modern Jazz.

Kwaku Summer Festival – Juli & August (*kwakufestival.nl*)
Multikulturelles Festival an vier aufeinanderfolgenden Wochenenden im Bijlmerpark.

Grachtenfestival – August (*www.grachtenfestival.nl*)
Festival mit klassischen Konzerten an besonderen Standorten entlang und auf dem Wasser im Zentrum, an den Ufern des IJ und in Noord.

Amsterdam Gay Pride – Anfang August (*www.amsterdampride.nl*)
Der größte Gay-Event der Niederlande mit Kultur- und Sportveranstaltungen, Partys und einer extravaganten Bootsparade (Canal Parade).

De Parade – erste August-Hälfte (*www.deparade.nl*)
Tournee-Theaterfestival im Martin Luther Kingpark mit verschiedenen Theater-, Musik- und Tanzvorstellungen.

Magneet Festival – August (*www.magneetfestival.nl*)
An zwei August-Wochenenden steht der östliche Teil des Zeeburgereiland im Zeichen der Kreativität: Witzige Themen (zum Beispiel *shoeless*) sowie Musik, Theater und Kunst machen das Magneet Festival sehr unterhaltsam.

Uitmarkt – letztes August-Wochenende (*www.uitmarkt.nl*)
Eröffnung der Kultursaison mit vielen Auftritten, Veranstaltungen und Buden überall in der Stadt, unter anderem am Museumplein und im Vondelpark.

HABEN SIE NOCH TIPPS?

Wir haben diesen Reiseführer mit großer Sorgfalt zusammengestellt. Da das Angebot an Geschäften und Restaurants in Amsterdam jedoch regelmäßig wechselt, kann es sein, dass eine Empfehlung nicht mehr existiert. Besuchen Sie in diesem Fall oder wenn Sie andere Anmerkungen oder Fragen zu diesem 100% Cityguide haben, unsere Webseite *www.100travel.de/amsterdam* oder schreiben Sie uns an *info@momedia.com*. Wir freuen uns über Ihre Hinweise, neue Tipps und natürlich auch Fotos. Posten Sie diese gerne auf unserer facebook fanpage: *facebook.com/100travel*.

Last but not least möchten wir noch bemerken, dass keine der vorgestellten Adressen für ihre Erwähnung bezahlt hat, weder für den Text noch für die Fotos. Alle Texte wurden von einer unabhängigen Redaktion geschrieben.

Hotels

Amsterdam hat für jeden Geschmack etwas, das gilt auch für Hotels. Das Angebot ist sehr groß, es umfasst Hunderte kleine, große, moderne und nostalgische Übernachtungsmöglichkeiten. Die Preise reichen von 25 Euro pro Nacht für ein Bett in einer Jugendherberge bis zum Zehnfachen oder mehr für eine Suite in einem Fünfsternehotel. Neben den bekannten Hotelketten gibt es in Amsterdam auch viele originelle Unterkünfte.

Nachfolgend finden Sie einige besondere Hotels in unterschiedlichen Preisklassen. Diese sind mit einem Buchstaben gekennzeichnet, den Sie auf dem Übersichtsplan vorn im 100% Cityguide wiederfinden. Wenn Sie auf der Suche nach einem Appartement oder Bed & Breakfast sind, ist *www.amsterdam-accommodation.nl* empfehlenswert. Auf *www.iamsterdam.com* (Site des Fremdenverkehrsamts) gibt es Informationen zur Stadt, über Hotels und weitere Unterkünfte.

Ⓐ Von dem **Hotel de Westertoren**, das sich direkt über schönen Arkaden in der Raadhuisstraat befindet, ist es nur einen Katzensprung zu den Grachten, dem Anne-Frank-Haus, dem Westermarkt und dem Dam. Das Familienhotel bietet keinen Luxus, dafür eine bezahlbare Unterkunft mit Dusche und Frühstück, das Ihnen aufs Zimmer serviert wird.
raadhuisstraat 35, westermarkt, www.hotelwestertoren.nl, telefon:
020 6244639, preis: ab 60 €, straßenbahn; 1, 2, 4, 5, 9, 13, 14, 16, 17, 24, 25 dam

Ⓑ Die Freundinnen Anika und Lotje eröffneten 2010 **Cocomama** als Crossover zwischen Hotel und Hostel, eine Art Schlafsaal mit sehr guten, bereits bezogenen Betten. Doch es gibt auch Einzelzimmer. In der Gemeinschaftsküche kann man sich selbst versorgen, hier herrscht die gleiche Gemütlichkeit wie in einem Hostel. Überhaupt ist die Atmosphäre offen und einladend. Anika und Lotje verraten auch gerne die neuesten Hotspots der Stadt, die besten Restaurants oder wo es Fahrräder zu mieten gibt.
westeinde 18, frederiksplein, www.cocomama.nl, telefon: 020 6272454,
preis: ab 51 €, zweibettzimmer 36 €, straßenbahn: 4 stadhouderskade

LLOYD HOTEL G

(C) Zwischen den vielen schmuddeligen Hotels in der Warmoestraat ist das Hotel **Winston** ein echter Lichtblick. In dem Hotel wurden acht der 67 Zimmer von Künstlern gestaltet; der "Heineken Room" ist inzwischen das berühmteste Zimmer. Doch es gibt auch preisgünstige Schlafsäle. Bei den Amsterdamern sehr beliebt ist der hauseigene Nachtclub Winston Kingdom.
warmoesstraat 129, zentrum, www.winston.nl, telefon: 020 6231380, preis: ab 90 €, zweibettzimmer 30 €, straßenbahn: 1, 2, 4, 5, 9. 13, 14, 16, 17, 24 dam

(D) Das Wort "Hotel" trifft nur bedingt auf dieses multifunktionelle Gebäude zu, in dem noch vor einiger Zeit die Redakteure der namhaften Tageszeitung *de Volkskrant* ihre Berichte schrieben. Im **Volkshotel** kann man übernachten, aber auch essen, feiern und in den *hot tubs* (Badefässern) auf dem Dach entspannen. 2007 lief hier die letzte Zeitung vom Band und die Abrissbirne stand schon bereit. Nachdem allerdings der Club Canvas seine Türen geöffnet hatte, entwickelte sich im Nu eine kulturelle Brutstätte. Heute gibt es 172 Zimmer, in denen auf die Geschichte des Hauses verwiesen wird.
wibautstraat 150, oost, www.volkshotel.nl, telefon: 020 2612100, preis: ab 69 €, u-bahn: 51, 53, 54 wibautstraat

(E) Wer beim Betreten des **Hotel not Hotel** den alten Tramwaggon und die spanische Villa sieht, weiß, dass dies alles andere als ein gewöhnliches Hotel ist. Jedes Zimmer in diesem prachtvollen historischen Gebäude erzählt eine eigene Geschichte, hat eine eigene Identität und alle wurden von Künstlern gestaltet. In den Chesterfield-Möbeln der Bibliothek und in den Sitzecken kann man sich herrlich entspannen oder frühstücken. Im Hotel finden regelmäßig Veranstaltungen statt, die bei Gästen wie Anwohnern sehr beliebt sind.
piri reisplein 34, de baarsjes, www.hotelnothotel.com, telefon: 020 8204538, preis: ab 70 €, straßenbahn: 7 postjesweg/de withstraat, 17 witte de withstraat

(F) Das Interieur des **Hotel Dwars** wurde von den Inhaberinnen des Vintage-Ladens Things I like things I love (Spaziergang 4, Nr. 10) gestaltet, und das sieht man. Alle neun Zimmer sind schlicht, aber stilvoll eingerichtet und werden geprägt von Backsteinwänden, unbehandeltem Holz und Möbeln, die teils neu, teils alt sind. Ausgestattet sind sie mit kostenlosem WLAN, einer Nespresso-Maschine, einem LED-Fernseher und einer Dusche mit tollen Artikeln.
utrechtsedwarsstraat 79, frederiksplein, www.hoteldwars.com, telefon: 06 19555651, preis: ab 89 €, straßenbahn: 4 prinsengracht (utrechtsestraat)

VOLKSHOTEL Ⓓ

Ⓖ Das **Lloyd Hotel** an der Oostelijke Handelskade ist ein prachtvoll renoviertes Haus mit 120 Zimmern unterschiedlicher Ausstattung. 50 Künstler und Designer wurden für die Gestaltung der Räume engagiert. In der Lobby befindet sich auch ein Restaurant, in dem es für jeden Geldbeutel etwas gibt.
oostelijke handelskade 34, oostelijk havengebied, www.lloydhotel.com, telefon: 020 5613636, preis: ab 65 €, straßenbahn: 26 rietlandpark

Ⓗ Wer gerne "nachhaltig" übernachten möchte, ist im **Conscious Hotel** am Vondelpark richtig. Das Haus hat 81 helle Zimmer mit Schreibtischen aus recycelten Materialien, es werden nur 100 Prozent abbaubare Reinigungsmittel verwendet. Zum Frühstück gibt es ausschließlich Fair-Trade-Produkte.
overtoom 519, vondelpark/overtoomsesluis, www.conscioushotels.com, telefon: 020 8203333, preis: ab 70 €, straßenbahn: 1 overtoomsesluis

(I) Wer für eine unvergessliche Nacht viel Geld übrig hat, sollte sich unbedingt im **Faralda Crane Hotel** einquartieren. Hier wohnen Sie in einem alten Kran – in 50 Metern Höhe! Es gibt (nur) drei Suiten, die ganz unterschiedlich gestaltet sind: von orientalischem Ambiente in Suite 1 bis zu Hafenatmosphäre in Suite 3. Alle verfügen über Queen-Size-Betten (140 cm), Stereo-Anlage und Plasma-Fernseher. Außerdem steht Gästen der Whirlpool in der oberen Etage gratis zur Verfügung. Und wem das alles noch nicht aufregend genug ist, der kann gegen Aufpreis Bungee-Jumping von der Spitze des Krans aus buchen.
ndsm-plein 78, www.faralda.com, telefon: 020 7606161, preis: ab 435 €, fähre: ndsm-werfveer oder houthavenveer

(J) **The College Hotel** ist eine Unterkunft für Stilbewusste. Untergebracht in einem Schulgebäude aus dem 19. Jahrhundert, bietet dieses Hotel Topservice. Es verfügt über eine wunderschöne Terrasse, und in der beliebten Bar sind die Yuppies des Viertels gern gesehene Gäste. Das Restaurant des Hotels ist ebenfalls stets gut besucht.
roelof hartstraat 1, oud-zuid, www.thecollegehotel.com, telefon: 020 5711511, preis: ab 125 €, straßenbahn: 3, 5, 12, 24 roelof hartplein

(K) Das herrlich an der Amstel gelegene elegante **Amstel Hotel** hat fünf Sterne und daher verwundert es nicht, dass es auch regelmäßig von Berühmtheiten wie Bono und Mitglieder europäischer Königshäusern besucht wird. Neben 55 Zimmern und 24 Suiten findet man hier das Spitzenrestaurant La Rive, dessen klassische französische Küche mit einem Michelin-Stern ausgezeichnet wurde.
professor tulpplein 1, weesperplein, www.amstelamsterdam.com, telefon: 020 6226060, preis: ab 300 €, u-bahn: 51, 53, 54 weesperplein, straßenbahn: 7, 10 weesperplein

(L) Die Zimmer des Hotels **The Exchange** sind alle völlig unterschiedlich und teils ziemlich ausgefallen. Eingerichtet wurden sie von Studenten des lokalen Fashion Institute. Es gibt ein romantisches Marie-Antoinette-Zimmer, in dem die Wand einem Korsett ähnelt und der Rock über das Bett in den Fußboden über-geht. Minimalisten finden vielleicht Gefallen am Zimmer, das nach Grimmschen Märchen gestaltet wurde, und in dem nichts so ist, wie es scheint. Die Zimmer sind in Kategorien eingeteilt: 1 Stern ist klein, 5 Sterne bedeutet geräumig.
damrak 50, www.hoteltheexchange.com, telefon: 020 5230080, preis: ab 75 €, straßenbahn: 1, 2, 4, 5, 9, 13, 16, 17, 24, 26 centraal station

Unterwegs

Am leichtesten erreicht man Amsterdam mit dem **Zug**, vom Hauptbahnhof gelangt man zu Fuß direkt in die Innenstadt. Wenn Sie mit dem Auto kommen, parken Sie am besten in einem Parkhaus. Die Gebühren fürs Parken an der Straße variieren von 1,40 bis 5 Euro. Je näher am Zentrum, desto teurer. An Automaten, an denen man mit EC-Karte zahlen kann, gibt es auch Tageskarten. Günstiger ist es, das Auto auf einem P+R(Park-and-Ride)-Platz stehen zu lassen: Bei der Amsterdam ArenA, beim Bahnhof Sloterdijk, beim World Fashion Centre, bei Bos en Lommer, beim Olympiastadion und Zeeburg. Kosten: 8 Euro für 24 Stunden (Höchstparkdauer 24–96 Stunden) inklusive **P+R**-Chipkarte für die Benutzung von Nahverkehrsmitteln des GVB (oder im Falle von Sloterdijk und ArenA inklusive einer Zugfahrkarte der NS) zur Weiterfahrt in die Innenstadt. (siehe auch *www.iamsterdam.com*).

In den öffentlichen Verkehrsmitteln braucht man eine elektronische **OV-Chipkarte** mit Guthaben. Für Touristen gibt es eine anonyme und zeitlich begrenzte Variante, die in Automaten an Bahnhöfen und U-Bahn-Stationen erhältlich ist. Einzel- und Tageskarten gibt es auch in der Straßenbahn (*www.ov-chipkaart.nl*).

Innerhalb der Stadt kommt man mit der **Straßenbahn** fast überall gut hin. Viele der 15 Linien führen vom oder über den Hauptbahnhof in die verschiedenen Stadtteile. Wenn Ihr Ziel etwas außerhalb liegt, nehmen Sie am besten den **Bus**, nachts fahren auch Nachtbusse. Aktuelle Informationen finden Sie unter *www.gvb.nl*.

Die **U-Bahn-Linien** 53 und 54 verbinden den Hauptbahnhof mit dem Stadtteil Zuidoost. Linie 51 fährt vom Hauptbahnhof über Buitenveldert nach Amstelveen, Linie 50 von Amsterdam Sloterdijk über den Bahnhof Zuid nach Gein.

Taxis kann man auf der Straße anhalten, außerdem gibt es mehrere Taxistände in der Stadt, den größten direkt am CS (Hauptbahnhof). Die bekannteste Taxizentrale ist TCA (020 7777777). Der Grundpreis beträgt 2,89 Euro, der Kilometerpreis 2,12 Euro je Kilometer und der Preis für Wartezeiten 0,35 Euro je Minute. Achten Sie darauf, dass der Taxifahrer sich an die Regeln hält. Im Zentrum gibt es außerdem knallgelbe E-Taxis. Oder lassen Sie sich hier für 1 Euro pro 3 Minuten im Fahrradtaxi kutschieren.

Wer es wie ein echter Amsterdamer machen will, steigt auf den Drahtesel. Nicht nur sehr praktisch in dieser Stadt, sondern auch schnell. **Leihräder** gibt es am Hauptbahnhof (centraal station) und an vielen anderen Standorten (*www.macbike.nl, www.rentabike.nl*).

Eine echte Touristenattraktion ist das **Hop-on-hop-off-Boot** mit vier Linien und 20 Haltestellen. Die Boote fahren durch die Grachten und halten an den wichtigsten Museen, Einkaufsmeilen und Sehenswürdigkeiten. Mit einer Tageskarte (22 Euro) können Sie einen Tag lang unbegrenzt bei allen Linien ein- und aussteigen. Die Boote fahren auch am Abend (*www.canal.nl*). Oder gehen Sie an Bord eines der zahlreichen Ausflugsschiffe, die am Rokin ablegen. Vom **Hop-on-hop-off-Bus** (zwölf Haltestellen) aus hat man ebenfalls eine tolle Aussicht, eine Tageskarte kostet 18 Euro (*www.citysightseeingamsterdam.nl*).

Zentrum

Weltkulturerbe, Rotlichtviertel und Baudenkmäler

Dank seines Grachtengürtels hat Amsterdam einen wunderschönen Grundriss, der seit 2010 sogar zum UNESCO-Weltkulturerbe zählt. Während des Goldenen Zeitalters erhoben sich hier monumentale Gebäude mit großen begrünten Innenhöfen, und die Kalverstraat wandelte sich von einem staubigen Viehmarkt zur schicken Einkaufsstraße. Ganz so elegant ist sie mit den vielen Ladenketten und Menschenmassen jedoch nicht mehr. In unmittelbarer Nähe zur Kalverstraat findet man allerdings viele schöne Orte wie den Begijnhof und das Amsterdam Museum, und in den Straßen abseits der großen Einkaufsmeilen gibt es nette Boutiquen und originelle Läden.

Wer heute die Stadt durchquert, mag kaum glauben, dass Amsterdam vor mehr als 700 Jahren gegründet wurde und bereits um das Jahr 1300 herum Stadtrechte erhielt. Sogar am heutigen Grundriss der Altstadt lässt sich erkennen, wie die Stadt sich im Mittelalter kreisförmig um den damaligen Hafen schmiegte, von dem nur noch das Wasser neben dem Damrak zeugt.

1

Wo sich heute der Hauptbahnhof befindet, war früher das offene Meer. Vom mittelalterlichem "Aemstelredam" ist noch einiges erhalten geblieben. Der älteste Teil der Stadt sind die berühmt-berüchtigten Wallen – neben der Reeperbahn in Hamburg das wohl bekannteste Rotlichtviertel der Welt.

Obwohl man am Zeedijk regelmäßig über betrunkene Touristen stolpert, sollte man diesen Teil des Zentrums nicht meiden. In Amsterdams Chinatown gibt es Asia-Läden und -Restaurants in Hülle und Fülle. Auch die älteste Kneipe der Stadt befindet sich hier, heute allerdings ohne die Gäste, die das Lokal früher so zahlreich heimsuchten: die Matrosen.

Da im Zentrum auch noch die großen Baudenkmäler wie der Königliche Palast, die Nieuwe Kerk (Neue Kirche), die Oude Kerk (Alte Kirche) und die Beurs van Berlage (Börse) liegen, ist klar, dass man hier mehr findet als nur Coffeeshops, Peepshows und Prostituierte – obwohl die nach wie vor ein prägendes Element Amsterdams darstellen.

6 Insider-Tipps

De Oude Kerk

Das älteste Steingebäude Amsterdams bewundern.

Toko Dun Yong

In einem mehrstöckigen Asia-Laden Kochideen sammeln.

Brouwerij de Prael

Ein vor Ort gebrautes Bier kosten.

Int Aepjen

Die älteste Kneipe der Stadt besuchen.

Museum Geelvinck Hinlopen Huis

Einen Blick in eines der berühmten Patrizierhäuser werfen.

Vlaams Friethuis

Die besten Pommes weit und breit probieren.

● Sehenswürdigkeiten
● Shoppen
● Essen & Trinken
● Amsterdam live

Sehenswürdigkeiten

(2) Der 1487 fertiggestellte **Schreierstoren** war einst Teil der Stadtmauer, die die Stadt vom Hafen trennte. Lange Zeit nahm man an, dass der Name daher rührte, dass Frauen weinend und schreiend von ihren Männern, die nach Indien segelten, Abschied nahmen. Wahrscheinlicher aber ist, dass der Turm so heißt, weil die Stadtmauer an jener Stelle im 90-Grad-Winkel in südwestlicher Richtung scharf (also "schray") abbog. Heute kann man auf der Dachterrasse Kaffee trinken oder zu Mittag essen und dabei die tolle Aussicht genießen.
prins hendrikkade 94-95, www.schreierstoren.nl, telefon: 020 4288291, geöffnet: café täglich 10.00-1.00, fr-sa 10.00-2.30, so 12.00-1.00, eintritt: frei, straßenbahn: 1, 2, 4, 5, 9, 13, 16, 17, 24, 26 centraal station

(6) Der chinesisch-buddhistische **Tempel Fo Guang Shan He Hue** ist wohl der größte seiner Art in Europa. Hier werden buddhistische Feste gefeiert, Chinesischkurse und Einführungen in den Buddhismus gegeben. Führungen finden täglich außer Sonntag statt. Bitte vorher reservieren.
zeedijk 106-118, www.ibps.nl, telefon: 020 4202357, geöffnet: di-sa 12.00-17.00, so 10.00-17.00, eintritt: frei, straßenbahn: 1, 2, 4, 5, 9, 13, 16, 17, 24, 26 centraal station

(10) Bei einem Besuch im **Rembrandthaus** sieht man die Wohn- und Arbeitsräume des berühmten Malers, der hier von 1639 bis 1658 lebte, sowie seine Gemälde, Radierungen und Zeichnungen.
jodenbreestraat 4, www.rembrandthuis.nl, telefon: 020 5200400, geöffnet: täglich 10.00-18.00, eintritt: 12,50 €, straßenbahn: 9, 14 waterlooplein, u-bahn: 51, 53, 54 waterlooplein

(13) Die **Hermitage Amsterdam** ist der einzige ausländische Ableger des weltberühmten Museums in Sankt Petersburg. Auf 4000 Quadratmetern sind nicht nur Kunstschätze aus aller Welt zu bewundern, es werden auch Workshops angeboten und Filme gezeigt, die Besuchern alles über die reiche Geschichte der Stadt und Russlands verraten.
amstel 51, www.hermitage.nl, telefon: 020 5308755, geöffnet: täglich 10.00-17.00, eintritt: 15 €, straßenbahn: 9, 14 waterlooplein, u-bahn: 51, 53, 54 waterlooplein,

(14) Die **Magere Brug**, eine der schönsten Zugbrücken Amsterdams, erstrahlt abends im Schein Tausender Lichter. Angeblich ließen die zwei gut betuchten Schwestern Mager, die an den gegenüberliegenden Ufern der Amstel wohnten, die Brücke 1670 erbauen, um einander einfacher besuchen zu können. Wahrscheinlicher ist jedoch, dass die Brücke deshalb so heißt, weil sie so schmal ist. *amstel, zwischen keizersgracht und prinsengracht (in der verlängerung der kerkstraat), straßenbahn: 4 prinsengracht*

(16) Der Amsterdamer Grachtengürtel mit seinen vielen imposanten Patrizierhäusern ist weltberühmt und seit 2010 sogar Weltkulturerbe. Das **Museum Geelvinck Hinlopen Huis**, das in einem im späten 17. Jahrhundert erbauten Patrizierhaus untergebracht ist, bietet die Möglichkeit, einen Blick in das Innere eines solchen Hauses und in das Leben der Amsterdamer Oberschicht in der Zeit zwischen dem Goldenen Zeitalter und der Industriellen Revolution zu werfen. *keizersgracht 633, www.geelvinck.nl, telefon: 020 6390747, geöffnet: mo & mi-so 11.00-17.00, eintritt: 9 €, straßenbahn: 16, 24 keizersgracht*

(17) Ein absolutes Muss für Fotografieliebhaber ist Amsterdams Fotomuseum **Foam**. Große Namen wie Erwin Olaf und Jim Goldberg stellen hier ihre Werke aus, außerdem junge, noch unbekannte Talente. Meistens sind drei bis vier Ausstellungen gleichzeitig zu sehen. *keizersgracht 609, www.foam.org, telefon: 020 5516500, geöffnet: sa-mi 10.00-18.00, do-fr 10.00-21.00, eintritt: 9,50 €, straßenbahn: 16, 24 keizersgracht*

(18) Der **Munttoren** ist ein Überrest des Regulierspoort, eines Teils der mittelalterlichen Stadtmauer. Der Münzturm erhielt seinen Namen 1672, als der Transport von Gold und Silber nach Dordrecht und Enkhuizen zum Erliegen kam. *muntplein, nicht öffentlich zugänglich, straßenbahn: 4, 9, 16, 25 muntplein*

(19) Das **Oudemanhuispoort** ist ein überdachter Durchgang zwischen dem Oudezijds Achterburgwal und dem Kloveniersburgwal. Früher befand sich hier ein Altersheim für Männer, daher der Name, heute gelangt man durch das Tor in den Innenhof der Universität. Neben Studenten, die hier zahlreich vertreten sind, gibt es diverse Stände mit antiquarischen Büchern und Zeitschriften. *oudemanhuispoort, geöffnet: büchermarkt: mo-sa 9.00-17.00, eintritt: frei, straßenbahn: 4, 9, 14, 16, 24 muntplein*

REMBRANDTHAUS ⑮

㉔ Eine Oase der Ruhe in der lebhaften Altstadt ist der idyllische **Begijnhof**. Im Mittelalter wurden die kleinen Häuser rund um den malerischen Innenhof von frommen Frauen bewohnt, die Kranke pflegten und unterrichteten. *begijnhof (eingang: tor am spui), www.begijnhofamsterdam.nl, geöffnet: täglich 9.00-17.00, eintritt: frei, straßenbahn: 1, 2, 5 spui, 4, 9, 14, 16, 24, 25 rokin*

㉕ Im **Amsterdam Museum** erzählen historische Dokumente, Filme, Fotos, Tonaufnahmen und Gemälde die Geschichte der über 700 Jahre alten Stadt. *nieuwezijds voorburgwal 357 und kalverstraat 92, www.amsterdammuseum. nl, telefon: 020 5231822, geöffnet: täglich 10.00-17.00, eintritt: 11 €, straßen- bahn: 1, 2, 5 spui, 4, 9, 14, 16, 24 rokin*

(28) Der große, klassizistische Palast auf dem Dam war ursprünglich das Rathaus. Von 1808 an wurde er als **Königlicher Palast** (Koninklijk Paleis) genutzt, und heute noch finden hier offizielle Feierlichkeiten statt. 2013 hat dort Königin Beatrix mit Unterzeichnung der Abdankungsurkunde offiziell den Thron an ihren Sohn Willem-Alexander übergeben. Im Gebäude gibt es prächtig restaurierte Kronleuchter, wunderschöne Möbel und zahllose Meisterwerke zu entdecken.
dam 1, www.paleisamsterdam.nl, telefon: 020 6204060, geöffnet: täglich 11.00-17.00 (vor/während offiziellen empfängen geschlossen), eintritt: 10 €, straßenbahn: 1, 2, 4, 5, 9, 13, 14, 16, 17, 24 dam

(29) Im späten 14. Jahrhundert wurde **De Nieuwe Kerk** (Neue Kirche) gebaut, weil die Oude Kerk (Alte Kirche) zu klein geworden war. Berühmt wurde die Kirche vor allem durch die sieben Inthronisierungen, die hier vollzogen wurden. So auch die letzte am 30. April 2013, bei der Willem-Alexander zum König der Niederlande ernannt wurde. Das Gotteshaus ist auch regelmäßig die Kulisse für Kunst- und Fotoausstellungen.
dam 12, www.nieuwekerk.nl, telefon: 020 6386909, geöffnet: wechselnd, nur während ausstellungen, eintritt: wechselnd, straßenbahn: 1, 2, 4, 5, 9, 13, 14, 16, 17, 24 dam

(32) In der **Beurs van Berlage** wurde einst mit Getreide, Wertpapieren und Waren gehandelt. Architekt Berlage ließ sich beim Bau von der italienischen Architektur inspirieren. Doch sein größter Wunsch war eigentlich eine gerechtere Gesellschaft, in der es keinen Börsenhandel mehr geben würde. So weit kam es nicht. Heute wird hier nicht mehr gehandelt, sondern es finden Konzerte, Konferenzen und Ausstellungen statt. Führungen gibt es samstags.
damrak 243, www.beursvanberlage.nl, telefon: 020 5304141, führung: einmal wöchentlich sa 10.30-12.00, eintritt: 14,50 € inkl. getränk, straßenbahn: 1, 2, 4, 5, 9, 13, 14, 16, 17, 24 dam

(33) **De Oude Kerk** (Alte Kirche), das älteste steinerne Gebäude Amsterdams, war ursprünglich, im Jahr 1306, eine kleine Holzkapelle. Erst in den folgenden Jahrhunderten erhielt sie ihr heutiges Aussehen. Die Kirche ist regelmäßig Kulisse für Konzerte und Ausstellungen.
oudekerksplein 23, www.oudekerk.nl, telefon: 020 6258284, geöffnet: mo-sa 11.00-17.30, so 13.00-17.00, eintritt: 7,50 €, straßenbahn: 1, 2, 4, 5, 9, 13, 16, 17, 24 dam

OUDE KERK ㉝

㊱ Auf dem Dachboden eines Grachtenhauses liegt ganz versteckt eine Kirche aus dem 16. Jahrhundert. Als die offiziellen Kirchen reformiert wurden, durften alle Nicht-Reformierten ihren Gottesdienst nur in solchen verborgenen Gotteshäusern abhalten wie in **Ons' Lieve Heer op Solder** ("Unser lieber Herr auf dem Dachboden").

oudezijds voorburgwal 40, www.opsolder.nl, telefon: 020 6246604, geöffnet: mo-sa 10.00-17.00, so & feiertage 13.00-17.00, eintritt: 8 €, straßenbahn: 1, 2, 4, 5, 9, 13, 16, 17, 24 centraal station

Essen & Trinken

(1) Ein ganz unerwarteter Ort liegt direkt gegenüber vom Hauptbahnhof: Bei **Dwaze Zaken** fühlt man sich gleich wie zu Hause. Es stehen leckere Tagesgerichte und Biere auf der Karte. Montagabends gibt es ein herrliches Überraschungsessen für nur 6 Euro. Regelmäßige Jazzkonzerte und wechselnde Kunstausstellungen machen den Kneipenbesuch zum Erlebnis.
prins hendrikkade 50, www.dwazezaken.nl, telefon: 020 6124175, geöffnet: mo-sa 9.00-0.00, so 9-17.30, preis: 18 €, straßenbahn: 1, 2, 4, 5, 9, 13, 16, 17, 24, 26 centraal station

(3) Kaffee aus vor Ort gerösteten Kaffeebohnen ist zurzeit sehr beliebt, aber keineswegs ein neues Phänomen. Denn **Hofje van Wijs** importiert seit mehr als 150 Jahren Kaffee und Tee aus Übersee und beliefert damit Läden wie Unternehmen. Im Innenhof des Betriebes spürt man nichts von der Hektik am Zeedijk und kann in aller Ruhe die Getränke genießen, die sich früher nur wenige leisten konnten.
zeedijk 43, www.hofjevanwijs.nl, telefon: 020 6240436, geöffnet: di-so 12.00-23.00, preis: kaffee ab 2,10 €, tee ab 3,00 €, straßenbahn: 1, 2, 4, 5, 9, 13, 16, 17, 24, 26 centraal station

(7) Über **Nam Kee** wurde ein Buch geschrieben und ein Film gedreht. Das Restaurant kann sich also einiger Bekanntheit rühmen. Die chinesischen Gerichte sind gut und günstig, das Ambiente ist allerdings nicht jedermanns Sache.
zeedijk 111-113, www.namkee.net, telefon: 020 6243470, geöffnet: täglich 12.00-23.00, preis: 12 €, straßenbahn: 1, 2, 4, 5, 9, 13, 16, 17, 24, 26 centraal station, u-bahn: 51, 53, 54 nieuwmarkt

(8) **Latei** ist so ein Laden, den man eher in De Pijp oder Jordaan erwarten würde, nicht aber hier zwischen den vielen China-Restaurants. Außer sehr gutem Kaffee werden Kuriosa aus den 1960er- und 1970er-Jahren angeboten. Alles, was Sie dort sehen, können Sie kaufen.
zeedijk 143, www.latei.net, telefon: 020 6257485, geöffnet: mo-mi 8.00-18.00, do-fr 8.00-22.00, sa 9.00-22.00, so 11.00-18.00, preis: 4 €, straßenbahn: 1, 2, 4, 5, 9, 13, 16, 17, 24, 26 centraal station, u-bahn: 51, 53, 54 nieuwmarkt

(9) Im Mittelalter war **De Waag** als Stadttor Teil der Stadtmauer. In der Fassade wird 1488 als Baujahr genannt, angenommen wird aber, dass das imposante Gebäude, das damals Sint Antoniespoort hieß, um einiges älter ist. Erst im 17. Jahrhundert wurde es zur Waage ausgebaut, einem Haus, in dem Güter gewogen wurden. Danach diente es als Zunfthaus, Museum, Feuerwehrkaserne und anatomisches Theater – hier entstand Rembrandts *Die Anatomie des Dr. Tulp.* Heute ist In de Waag eine tolle Adresse für einen Aperitif, ein Mittag- oder Abendessen – bei schönem Wetter auch auf der Terrasse.
nieuwmarkt 4, www.indewaag.nl, telefon: 020 4227772, geöffnet: täglich 10.00-16.00, 17.00-22.30, preis: 23 €, straßenbahn: 1, 2, 4, 5, 9, 13, 16, 17, 24, 26 centraal station, u-bahn: 51, 53, 54 nieuwmarkt

(21) An der Auslage von **De Laatste Kruimel** (Der letzte Krümel) können Sie bestimmt nicht einfach so vorbeigehen: Saftiger Käsekuchen, glänzende Brownies und verführerische Torten lassen einem das Wasser im Mund zusammenlaufen. Alles hausgemacht aus guten Zutaten. Wer kein Plätzchen draußen am Wasser bekommt, kann gemütlich drinnen sitzen und in die offene Küche blicken.
langebrugsteeg 4, www.delaatstekruimel.nl, telefon: 020 423 0499, geöffnet: mo-sa 8.00-20.00, so 09.00-20.00, preis: stück kuchen 3,50 €, straßenbahn: 1, 2, 4, 5, 9, 13, 14, 16, 17, 24 dam

(22) Der 30 Meter hohe Kalvertoren überragt alles in seiner direkten Umgebung. Geradezu sensationell ist deshalb ein Aufenthalt im Restaurant **Blue°** in der oberen Etage. Dank der Glasfassade hat man von fast jedem Tisch aus eine herrliche Aussicht. Einfach mit dem gläsernen Aufzug nach oben fahren und bei einem Snack oder einem Glas Wein den Blick genießen.
singel 457, www.blue-amsterdam.nl, telefon: 020 4273901, geöffnet: mo 11.00-18.30, di-mi & fr-sa 10.00-18.30, do 10.00-21.00, so 12.30-18.30, preis: brötchen 7,50 €, straßenbahn: 1, 2, 5 koningsplein, 4, 9, 16, 24 muntplein

23 Schick? Nein. Stilvoll? Auch nicht. Eleganz und flämische Pommes passen irgendwie nicht zusammen. Aber probieren sollte man sie trotzdem. Im **Vlaams Friethuis** bekommt man die besten *frietjes* der Stadt. Kein Wunder angesichts von 55 Jahren Erfahrung. Eine weitere Spezialität sind die Soßen: 25 an der Zahl gibt es – von Mayonnaise über Samurai-Soße, Ketchup bis zu gelbem Curry.

voetboogstraat 33, vleminckxdesausmeester.nl, telefon: 020 6246075, geöffnet: so-mo 12.00-19.00, di-mi & fr-sa 11.00-19.00, do 11.00-21.00, preis: pommes mit soße 2,80 €, straßenbahn: 4, 9, 16, 24 muntplein, 1, 2, 5 koningsplein

(26) Auf der Speisekarte von **Het Houten Huisje** finden Sie vor allem frische, kalorienarme und biologische Produkte wie Wraps, Salate und diverse Suppen. Außerdem gibt es köstliche belgische Pommes (natürlich auch bio) mit hausgemachter Tatarensoße – herrlich zu einem Bio-Burger. Genießen Sie umweltbewusst in einem winzigen Restaurant.

nieuwezijds voorburgwal 289, www.hethoutenhuisje.com, telefon: 020 6256542, geöffnet: sa-mi & fr 11.00-18.00, do 11.00-19.00, preis: sandwich 5 €, straßenbahn: 1, 2, 5 spui, 4, 9, 14, 16, 24, 25 rokin

(31) Kennen Sie den Kinofilm *Chocolat*? Das **Metropolitan Deli** könnte in dem Streifen vorkommen. Ein gefährlicher Ort für Schokoholics, denn hier ist alles aus Schokolade. Probieren Sie auch mal das nach alter Tradition hergestellte italienische Eis. Es werden regelmäßig Verkostungen angeboten.

warmoesstraat 135, www.metropolitandeli.nl, telefon: 020 3301955, geöffnet: täglich 9.00-1.00, preis: stück kuchen 3 €, straßenbahn: 1, 2, 4, 5, 9, 13, 14, 16, 17, 24 dam

(34) Im Zentrum der Stadt gibt es viele italienische Restaurants, die Qualität lässt aber leider oft zu wünschen übrig. Bei **Pasta Pasta** schmeckt man, dass die Herstellung von Nudeln eine Kunst ist, die nur Profis beherrschen. Das Ergebnis: tolle Gerichte mit hausgemachten Nudeln und frischen Zutaten. Was will man mehr?

warmoesstraat 49, telefon: 020 3311199, geöffnet: so-do 11.00-1.00, fr-sa 11.00-3.00, preis: 5 €, straßenbahn: 1, 2, 4, 5, 9, 13, 14, 16, 17, 24 dam

(37) Wer eine Zeitreise in das alte Amsterdam unternehmen will, sollte das Café **Int Aepjen** besuchen. Angeblich hat das niederländische Sprichwort "in de aap gelogeerd" (im Affen gewohnt, bedeutet: in der Patsche sitzen) seinen Ursprung im 15. Jahrhundert ebendiesem Lokal zu verdanken. Wenn Matrosen ihre Zeche nicht bezahlen konnten, durften sie ihre Schulden mit Affen begleichen, die sie von der nächsten Fahrt mitbrachten. Da die Affen Flöhe hatten, hieß es, wenn jemand sich auf der Straße kratzte: Der hat im Affen gewohnt.

zeedijk 1, telefon: 020 6268401, geöffnet: so-do 12.00-1.00, fr-sa 12.00-3.00, preis: getränk 3 €, straßenbahn: 1, 2, 4, 5, 9, 13, 16, 17, 24 centraal station

3.80
CARROT CAKE

Shoppen

(4) **Toko Dun Yong** (*toko* bedeutet Asia-Laden) ist mit fast 60 Jahren der älteste *toko* der Stadt. Über fünf Stockwerke verteilt gibt es neben Sojasoßen und Nudelsuppen Spezialitäten wie Froschschenkel oder Frühlingsrollen und alles, was man für das fernöstliche Kochvergnügen braucht: Woks, Fonduesets, Bücher, Musik oder Porzellan.
stormsteeg 9, www.dunyong.com, telefon: 020 6221763, geöffnet: mo-sa 9.00-18.00, so 12.00-18.00, straßenbahn: 1, 2, 4, 5, 9, 13, 16, 17, 24, 26 centraal station

(5) Asien begeistert nicht nur mit seinen jahrhundertealten (Koch-)Traditionen. Seit einiger Zeit kommen von dort auch neue Trends, die man im modernen Laden **Asia Station** kennenlernen kann: von *bubble tea* und schönen Kleidern im Asian style bis hin zu Gadgets und Kosmetikprodukten asiatischer Marken.
zeedijk 100, www.asiastation.nl, telefon: 020 3032628, geöffnet: täglich 11.30-21.00, straßenbahn: 1, 2, 4, 5, 9, 13, 16, 17, 24, 26 centraal station

(11) Direkt hinter dem Rathaus und dem Musiktheater befindet sich der **Waterlooplein**. An gut und gerne 300 Ständen bieten Händler hauptsächlich Secondhandware an, getreu dem Motto: "Es gibt nichts, was es hier nicht gibt." Echte Schnäppchen sind selten, aber das Stöbern macht trotzdem großen Spaß.
waterlooplein, www.waterllopleinmarkt.nl, geöffnet: mo-sa 9.00-18.00, straßenbahn: 9, 14, u-bahn: 51, 53, 54 waterlooplein

(12) Bei **Puccini** gibt es verführerische Schokoladenkreationen, besser gesagt Bomboni. Sie haben die Wahl zwischen traditionellen Pralinen mit Karamell oder Marzipan und den exotischen Varianten mit Zitronengras oder Pfeffer.
staalstraat 17, www.puccinibomboni.com, telefon: 020 6265474, geöffnet: so-mo 12.00-18.00, di-sa 9.00-18.00, straßenbahn: 4, 9, 14, 16, 24 muntplein

(15) **MaisonNL** ist ein Concept-Store mit ständig wechselndem Sortiment. Außer Wohngegenständen findet man hier unter anderem skandinavische Kleidung, Accessoires, Schmuck, Bücher, Schreibwaren, aus Naturmaterialien hergestellte Wohnaccessoires und Dessous von Amsterdamse Love Stories.
utrechtsestraat 118, www.maisonnl.com, telefon: 020 4285183, geöffnet: mo 13.00-18.00, di-sa 10.30-18.00, so 13.00-17.00, straßenbahn: 4 prinsengracht

WATERLOOPLEIN ⑪

㉗ Das ehemalige, 1899 eröffnete Postamt, in dem sich heute das Einkaufs-
zentrum **Magna Plaza** befindet, ist eines der imposantesten Gebäude der
Gegend. Der Baustil ist eine Mischung aus Neugotik und Neorenaissance,
der prachtvolle, lichtüberflutete Innenhof mit Glasdach ist umgeben von
Kolonnaden. Das Haus beherbergt 24 tolle Läden. Sie sollten unbedingt auch
die Toiletten aufsuchen, denn sie wurden zu den stimmungsvollsten des
Landes gekürt.

*nieuwezijds voorburgwal 182, www.magnaplaza.nl, telefon: 020 570 3570,
geöffnet: mo 11.00-19.00, di-mi & fr-sa 10.00-19.00, do 10.00-21.00, so
12.00-19.00, straßenbahn: 1, 2, 5, 13, 17 dam*

Amsterdam live

(20) Auf den ersten Blick sieht man es ihr nicht an, aber **De Nes** ist die Theaterstraße der Stadt. Vor allem abends und am Sonntagnachmittag, wenn das Frascati Theater, das älteste Theater der Straße, das Comedy Theater, das Brakke Grond und das Torpedo Theater ihre Türen geöffnet haben, ist hier einiges los. Besuchen Sie auch die Gasse mit dem Namen "Gebed zonder End" (endloses Gebet), der daran erinnert, dass Amsterdam im Mittelalter reich an Klöstern war.

nes, straßenbahn: 1, 2, 4, 5, 9, 13, 14, 16, 17, 24 dam

(30) **W139** in der Warmoesstraat ist eine Galerie mit internationalem Ruf, in der Künstler der bildenden Künste experimentieren. Außerdem finden regelmäßig Feste, Konzerte, Tanzvorstellungen und andere Veranstaltungen statt. Lassen Sie sich vom industriellen Charakter der Galerie und den modernen Kunstprojekten überraschen.

warmoesstraat 139, www.w139.nl, telefon: 020 6229434, geöffnet: täglich 12.00-18.00, eintritt: frei, straßenbahn: 1, 2, 4, 5, 9, 13, 14, 16, 17, 24 dam

(35) Die **Brouwerij de Prael** befindet sich an dem Ort, an dem einst Schiffe mit Bierfässern anlegten, der Bierkade. Nehmen Sie an einer Führung teil und gönnen sich anschließend an der Bar ein Bier, das nach einem niederländischen Schlagerstar benannt ist. Bemerkenswert ist auch das soziale Engagement der Brauerei: Sie bietet psychisch kranken Menschen Ausbildungsplätze.

oudezijds armsteeg 26 (proeflokaal), www.deprael.nl, telefon: 020 4084469, geöffnet: verkostungslokal di-sa 12.00-0.00, so 12.00-23.00, führung stündlich di-fr 13.00-18.00, sa 13.00-17.00, so 14.00-17.00, führung 7,50 €, verkostung 10 €, führung & verkostung 16,50 €, straßenbahn: 1, 2, 4, 5, 9, 13, 17, 24 centraal station

Zentrum

S P A Z I E R G A N G   1   (ca. 7,5 km)

Vom Centraal Station (Hauptbahnhof) Richtung Prins Hendrikkade gehen, um etwas zu essen (1). Dann am Prins Hendrikkade den Schreierstoren (2) bestaunen. In den Oudezijds Kolk und dann links zum Hofje van Wijs (3) am Zeedijk. Danach China-town (4) (5) (6) (7) besuchen. Kaffee und Kuchen probieren (8) oder weiter Richtung In de Waag (9) gehen. Den Nieuwmarkt überqueren und links am Wasser entlang Richtung Kloveniersburgwal. Links in die Zandstraat und über den einstigen Friedhof Richtung Rembrandthuis (10) gehen. Den Waterlooplein (11) überqueren, am Rathaus vorbei. Die Amstel-Brücke überqueren und in der Staalstraat Pralinen kosten (12). Links in den Kloveniersburgwal und von dort in den Halvemaansteeg. Den Rembrandt-plein diagonal überqueren und in die Utrechtsestraat. Links der Herengracht bis zur Amstel folgen und dann rechts die Hermitage (13) und die Magere Brug (14) be-staunen. Rechts in die Prinsengracht und wieder rechts in die Utrechtsestraat, wo sich ein Concept-Store (15) befindet. Das Wasser überqueren und links in die Keizers-gracht mit den beiden Museen (16) (17). Dann rechts der Vijzelstraat bis zum Munt-toren (18) folgen. Beim Hotel de l'Europe in die Nieuwe Doelenstraat und durch den Oudemanhuispoort (19) Richtung Oudezijds Achterburgwal gehen. Hier links, gleich wieder rechts über die Brücke und dann rechts in die Theaterstraße De Nes (20) (21). Die Brücke überqueren und links am Rokin entlangspazieren. Rechts in den Olie-slagerssteeg und den Heiligeweg mit dem Restaurant Blue° (22). Vom Kalvertoren geradeaus in die Voetboogstraat, für leckere Pommes (23). Der Straße bis zum Ende folgen und durch das Tor in den Begijnhof (24). Danach links in den Gedempte Begijnensloot, um am Museum (25) vorbei zum Nieuwezijds Voorburgwal zu ge-langen. Etwas essen (26) und shoppen gehen (27). Über die Mozes en Aäronstraat zum Dam-Platz mit dem Königlichen Palast (28) und der Kirche (29). Den Platz überqueren und links in die Warmoesstraat, für Kunst (30) oder Schokolade (31). Die Beurs van Berlage (32) besuchen und über den Paternostersteeg links zurück zur Warmoes-straat. Im Wijde Kerksteeg Richtung Oude Kerk (33). Danach links in den Oudezijds Voorburgwal und links über den Lange Niezel wieder Richtung Warmoesstraat, um sich zu stärken (34). Rechts im Oudezijds Armsteeg gibt es Bier (35) und eine Kirche (36). Zurückgehen und den Spaziergang in der ältesten Kneipe der Stadt beenden (37).

De Jordaan & Negen Straatjes

Der Aufstieg eines Arbeiterviertels

Wenn man sich mit Scharen von Touristen durch die kleinen Straßen mit ihren modernen Läden, Coffeeshops und Cafés drängelt, könnte man fast vergessen, dass das Jordaan-Viertel bis in die 1970er-Jahre noch ein echtes Arbeiterviertel war – weit entfernt vom Reichtum des Grachtengürtels. Hier wohnten die Arbeiter, die im 17. Jahrhundert die teuren Patrizierhäuser der Oberschicht errichteten.

Es scheint fast, als gäbe es das Amsterdam von früher mit seinen Volks-sängern, *bruine kroegen* (Kneipen mit viel braunem Holz) und dem eigenen Dialekt nicht mehr. In den Gebäuden, in denen früher Handwerksbetriebe untergebracht waren, findet man heute edle Geschäfte und Appartements. Da die Mietpreise in die Höhe geschossen sind, wohnen hier vor allem Besser-verdiener. Studenten mit wohlhabenden Eltern und Yuppie-Eltern mit *bakfietsen* (Lastenräder) prägen das Straßenbild zwischen den schmalen Grachten.

2

Wer aber gut sucht, findet noch das alte Jordaan-Viertel und seine Bewohner. Werfen Sie mal einen Blick in eine alte Kneipe in den schmalen Gassen – hier lassen sich die Neuzugezogenen nicht blicken. Auch der Platz Johnny Jordaanplein zeigt, dass die "gute alte Zeit" noch lebt. Hier werden die Helden des "Amsterdamer Lebenslieds" wie Tante Leen und Johnny Jordaan geehrt.

Wie das Jordaan-Viertel sind auch die Negen Straatjes in den letzten Jahren zum festen Programmpunkt von Amsterdam-Besuchern aufgestiegen. Kein Wunder, denn die Gegend mit ihren vielen kleinen Boutiquen, Schmuckläden, Feinkostgeschäften und Einrichtungsläden hat einiges zu bieten. Shoppen ist hier deutlich entspannter als zum Beispiel in der Kalverstraat. Und auch für den, der nichts einkaufen möchte, ist das Viertel attraktiv. Die Grachten mit ihren historischen Häusern können sich durchaus mit denen der Wallen messen, sind dafür aber weniger überlaufen.

6 Insider-Tipps

Prinseneiland

An den alten Speichern der Westindien-Kompanie entlangschlendern.

Eetcafé de Jordaan

Mit Einheimischen ein Bierchen trinken.

Brainy Days

Sich von schönem Design inspirieren lassen.

Karthuizerhofje

Eine Oase der Ruhe im Jordaan-Viertel genießen.

Anne-Frank-Haus

Den Ort besuchen, an dem Anne Frank ihr Tagebuch schrieb.

Winkel 43

Den besten Apfelkuchen der Stadt kosten.

● **Sehenswürdigkeiten**   ● **Essen & Trinken**
● **Shoppen**   ● **Amsterdam live**

Sehenswürdigkeiten

(4) Im prachtvollen **Westindienhaus**, dem einstigen Hauptsitz der niederländischen Westindien-Kompanie, tagten früher deren 19 Vorstandsmitglieder. Die sogenannten "Heren XIX", die mit Gold, Zucker, Kaffee und auch mit Sklaven handelten, beschlossen an diesem Ort, ein Fort auf der Insel Manhattan zu bauen: der Grundstein für die heutige Stadt New York.

herenmarkt 99, nicht öffentlich zugänglich, straßenbahn: 1, 2, 4, 5, 9, 13, 16, 17, 24 centraal station

(8) **Prinseneiland** (Prinzeninsel) gehört zweifellos zu den schönsten Flecken der Stadt, wird aber oft links liegen gelassen. Die alten Werften und Lagerhäuser, die heute meist umgebaut sind, gehörten einst der niederländischen Westindien-Kompanie. Gelagert wurden Hering, Getreide, Tabak, Wein, Salz, Anschovis, Katzenfelle, Pech und Teer. In der ersten Hälfte des 20. Jahrhunderts verwahrloste das Viertel zunehmend, nach dem Zweiten Weltkrieg war die Insel so gut wie verwaist. Bis die Künstler kamen. Die ältesten Häuser sind Hausnummer 269 und 517, beide aus dem 17. Jahrhundert.

prinseneiland, straßenbahn: 3 zoutkeetsgracht

(10) Es gibt sie noch – die echten Jordaan-Bewohner. Einige von ihnen leben in dem Pflegeheim, das auch das **Jordaanmuseum** beherbergt. Neben einer Dauerausstellung über das alte Arbeiterviertel erfahren Besucher einiges über die vielen Aufstände, die hier stattfanden, das Leben auf der Straße, die Theater und die Künstler. Die Betreiber des Museums, eine Stiftung, sind auf der Suche nach einer größeren Location und freuen sich über jede kleine Spende in die Sammelbüchse im Museum.

vinkenstraat 185 (de rietvinck), www.jordaanmuseum.nl, telefon: 020 6244695, geöffnet: täglich 10.00-17.00, eintritt: frei, straßenbahn: 3 haarlemmerplein

(20) Der **Johnny Jordaanplein** ist ein Teilstück der Elandsgracht, auf dem niederländische Schlagerstars in Bronze verewigt wurden. Anzutreffen sind hier zum Beispiel die Skulpturen von Johnny Jordaan, Tante Leen und Johnny Meyer.

elandsgracht, straßenbahn: 7, 10, 17 elandsgracht

(21) Das Jugendtheater **De Krakeling** ist seit den 1970er-Jahren in ehemaligen Turnhallen untergebracht, einem 1887 im Stil der Neurenaissance erbauten Gebäude. Der Grundriss der Turnhallen wurde nach deutschem Vorbild entworfen. Neben den Turnhallen gibt es noch ein Nebengebäude im gleichen Stil, in dem der Hausmeister und der Wirt ihre Wohnungen hatten.
nieuwe passeerdersstraat 1, nicht öffentlich zugänglich, straßenbahn: 7, 10 raamplein

(22) Lange bevor die ersten Zeitarbeitsfirmen entstanden, gab es in Amsterdam bereits einen erfolgreichen Vorläufer, die **Arbeidsbeurs**. Gegründet wurde die ursprünglich private Organisation 1887, doch erst 1918 folgte der Umzug in das Gebäude im Stil der Amsterdamer Schule. Job suchende Männer nahmen den Eingang links, Frauen rechts. Etwa 80 Mitarbeiter, deren Zuständigkeiten klar nach Geschlecht und Berufsgruppen aufgeteilt waren, vergaben die Jobs.
passeerdersgracht 30, nicht öffentlich zugänglich, straßenbahn: 7, 10 raamplein

(32) Die **Westerkerk** mit ihrem 85 Meter hohen Turm ist das Wahrzeichen des Jordaan-Viertels. Am 10. März 1966 wurden hier Prinzessin Beatrix und Prinz Claus kirchlich getraut. In der Kirche finden nach wie vor Gottesdienste statt, keine Selbstverständlichkeit in Amsterdam.
prinsengracht 281, www.westerkerk.nl, telefon: 020 6247766, geöffnet: mo-fr 10.00-15.00, sa 11.00-15.00, eintritt: frei, straßenbahn: 13, 14, 17 westermarkt

(33) Schätzungen zufolge fanden mindestens 10.000 Homosexuelle in den Konzentrationslagern der Nazis den Tod. Dort wurden sie gezwungen, ein rosafarbenes Dreieck zu tragen, das später zum Symbol der Schwulenbewegung wurde. Das Denkmal **Homomonument** besteht aus drei rosafarbenen Dreiecken: Das halb im Wasser liegende Dreieck, das auf das Nationalmonument auf dem Dam-Platz deutet, symbolisiert die Gegenwart, das ebenerdige Dreieck (zeigt auf das Anne-Frank-Haus) die Vergangenheit und schließlich das höher gelegene Dreieck (verweist auf den Hauptsitz der Schwulenorganisation COC) die Zukunft.
westermarkt, www.homomonument.nl, straßenbahn: 13, 14, 17 westermarkt

㉞ Im weltberühmten **Anne-Frank-Haus** (Anne Frank Huis), dem Wohnhaus der Familie Frank, gelangt man durch einen drehbaren Bücherschrank in das ehemalige Versteck, wo auch das Original-Tagebuch von Anne Frank ausliegt. Tipp: Am frühen Morgen ist die Schlange nicht ganz so lang.

prinsengracht 263-237, www.annefrankhuis.org, telefon: 020 5567100, geöffnet: nov.-märz so-fr 9.00-19.00, sa 9.00-21.00, apr.-juni & sept.-okt. so-fr 9.00-21.00, sa 9.00-22.00, juli-aug. täglich, eintritt: 9 €, straßenbahn: 13, 14, 17 westermarkt

Essen & Trinken

(2) Schlecht geschlafen, zu tief ins Glas geschaut oder einfach nur Lust auf einen Energieschub? Dann sind die Säfte von **Jay's juices** das Richtige für Sie. Es sind aber nicht nur die Vitamine, die Sie gut in den Tag starten lassen, auch die positive Ausstrahlung des Inhabers, der gesundes Weizengras anbaut und alle Zutaten täglich frisch einkauft, trägt dazu bei. Er hilft Ihnen gern bei der Auswahl Ihres Wunschdrinks. "Juices from the heart" ist sein Credo.
haarlemmerstraat 14, www.jaysjuices.nl, telefon: 020 6231267, geöffnet: mo-sa 8.00-17.00, preis: ab 3 €, straßenbahn: 1, 2, 4, 5, 9, 13, 16, 17, 24 centraal station

(3) An Wochentagen ist man im **Vinnies Deli** bereits ab 7.30 Uhr willkommen. In dem Lokal mit dänischen Designerstühlen und niederländischen Designerlampen werden Umweltbewusstsein und fairer Handel großgeschrieben. Die Gerichte sind überwiegend saisonal abgestimmt, einige Zutaten wie Bio-Quinoa oder hausgemachte Müslimischungen können Sie hier auch kaufen.
haarlemmerstraat 46, www.vinnieshomepage.com, telefon: 020 7713086, geöffnet: mo-fr 7.30-18.00, sa 9.00-18.00, so 9.30-18.00, preis: sandwich 8 €, straßenbahn: 1, 2, 4, 5, 9, 13, 16, 17, 24 centraal station

(13) **Winkel 43** ist ein beliebtes Lokal im Herzen des Jordaan-Viertels, in dem man vorzüglichen Apfelkuchen bekommt. Im Sommer ist die Terrasse mit den langen Holztischen immer voll. Der ideale Ort, um samstags oder montags nach einem Besuch auf dem Noordermarkt Energie zu tanken.
noordermarkt 43, www.winkel43.nl, telefon: 020 6230223, geöffnet: mo 7.00-1.00, di-do 8.00-1.00, fr 8.00-3.00, sa 7.00-3.00, so 10.00-1.00, preis: 12,50 €, straßenbahn: 13, 14, 17 westermarkt

(18) Dauerwellen, *ossenworst* (Amsterdamer Wurstspezialität aus Rindfleisch), grenzwertiger Humor, Volksmusik und viel Bier – das ist das **Eetcafé de Jordaan**. So war das Jordaan-Viertel und so ist es hier nach wie vor. Gesellen Sie sich mit einem Bier dazu und tauchen Sie ein in das authentische Flair. Einen "Mittagstisch" gibt es auch – Traditionsgerichte wie *broodje bal met pindasaus* (Bulettenbrötchen mit Erdnusssoße).
elandsgracht 45, telefon: 020 6275863, geöffnet: wechselnd, preis: brötchen 3,50 €, straßenbahn: 7, 10, 17 elandsgracht

⑲ Das **Palladio** ist nicht wie andere italienische Lokale mit Weinflaschen und Wandgemälden dekoriert. Stattdessen ist es ein helles Restaurant mit Blumen, schönen Kronleuchtern und einer tollen Terrasse. Pizzen gibt es keine, dafür aber hausgemachte Nudeln, Fisch, Fleisch und frisches Gemüse.
elandsgracht 64, telefon: 020 6277442, geöffnet: di-so 18.00-22.30, preis: nudelgericht 14,50 €, straßenbahn. 7, 10, 17 elandsgracht

(28) Mit **Ree7** hat auch Amsterdam jetzt einen Gastropub, ein Café mit gehobener Speisekarte. Serviert werden mittags leckere belegte Brötchen ohne viel Schnickschnack und abends Spareribs, Hähnchen-Saté oder Hamburger. Wenn Sie gerne Menschen beobachten, dann sollten Sie versuchen, einen Tisch am Fenster oder bei der Tür zu ergattern.

reestraat 7, www.ree7.nl, telefon: 020 3307639, geöffnet: mo-mi 8.00-17.00, do-fr 8.00-23.00, sa 9.00-23.00, so 10.00-18.00, preis: 17 €, straßenbahn: 1, 2, 4, 5, 9, 13, 14, 16, 17, 24 dam

(35) Veganern haftet der Ruf an, etwas langweilig zu sein. Inhaberin Babet von **Vegabond** beweist das Gegenteil: In dem Ladenlokal, in dem originelle vegane Gerichte serviert und vegetarische sowie vegane Produkte verkauft werden, geht es bunt zu. Nehmen Sie einfach Platz am Fenster mit Blick auf die Gracht und probieren Sie vegane Cupcakes, Pizzen oder Brötchen. Unbedingt probieren sollten Sie das Bier der lokalen Mikrobrauerei Oedipus!

leliegracht 16, www.vegabond.nl, telefon: 020 8468927, geöffnet: di-sa 11.00-19.00, so 12.00-19.00, preis: sandwich 5 €, straßenbahn. 13, 14, 17 westermarkt

(36) Der Name des Restaurants **De Luwte** ("Windschatten") kommt nicht von ungefähr. In der windgeschützten Lage an der Jordaanse Leliegracht kann man herrlich entspannen. Verwöhnt werden die Gäste mit internationalen Gerichten, wobei die Vorliebe für die mediterrane Küche spürbar ist. Und wer (noch) keinen Appetit hat, kann es sich mit einem Glas Rotwein vor dem Kamin oder mit einem Cocktail am Fenster mit Blick auf das Wasser gut gehen lassen.

leliegracht 26, www.restaurantdeluwte.nl, telefon: 020 6258548, geöffnet: täglich 18.00-22.00, preis: 20 €, straßenbahn: 13, 14, 17 westermarkt

(37) Schon die romantische Einrichtung des **De Belhamel** im Art-déco- und Jugendstil ist Grund genug, dieses Restaurant zu besuchen. Doch auch ein Blick in die Karte lohnt sich: arme Ritter mit gebackener Entenleber und Apfel oder gebackene Gnocchi mit Auberginen, Tomaten und Frühlingszwiebeln. Die Terrasse liegt an einem der schönsten Flecken Amsterdams: an der Kreuzung von Herengracht und Brouwersgracht.

brouwersgracht 60, www.belhamel.nl, telefon: 020 6221095, geöffnet: mittagessen täglich 12.00-18.00, abendessen so-do 18.00-22.00, fr-sa 18.00-22.30, preis: 24,50 €, straßenbahn: 1, 2, 4, 5, 9, 13, 16, 17, 24 centraal station

Shoppen

(1) **Het Grote Avontuur** ist ein Museum, in dem man alles anfassen und kaufen darf. Neben Vintage-Sachen findet man hier auch selbst entworfene Möbel wie die vom Stil der 1950er-Jahre inspirierten Tische. Dass die Inhaber auch eine Leidenschaft für Papierwaren haben, ist nicht zu übersehen: Überall hängen alte französische Schaubilder und Landkarten.
haarlemmerstraat 25, www.hetgroteavontuur.nl, telefon: 020 268597, geöffnet: mo-sa 11.00-18.00, so 12.00-17.00, straßenbahn: 1, 2, 4, 5, 9, 13, 16, 17, 24 centraal station

(5) Auf der Suche nach köstlichem Balsamicoessig oder Olivenöl? Ziemlich sicher, dass Sie bei **Meeuwig en Zn**. fündig werden. Das Familienunternehmen vertreibt viele Sorten Öl, Essig und Senf, die es selbst zum Beispiel aus Spanien, Griechenland, Italien oder England importiert. Die Öle werden aus kleinen Stahltanks abgezapft. Sie bekommen daher auch Öle kleiner Erzeuger, die nicht selbst in Flaschen abfüllen und ihre Produkte vermarkten.
haarlemmerstraat 70, www.meeuwig.nl, telefon: 020 626 5286, geöffnet: mo-fr 10.30-18.00, sa 10.00-17.30, straßenbahn: 1, 2, 4, 5, 9, 13, 16, 17, 24 centraal station

(6) Im Sanskrit bedeutet **Sukha** "Lebensfreude" und genau das ist es, was die umweltbewussten Inhaberinnen dieses Ladens verströmen möchten. Überall hängen handgeschriebene Sprüche, die gute Laune machen. Im Mittelpunkt dabei stehen Liebe und Achtsamkeit, das merkt man auch am Sortiment, das von (Wohn-)Accessoires über Kleidung bis hin zu Büchern reicht.
haarlemmerstraat 110, www.sukha-amsterdam.nl, telefon: 020 3304001, geöffnet: mo 11.00-18.30, di-sa 10.00-18.30, so 12.00-17.00, straßenbahn: 1, 2, 4, 5, 9, 13, 16, 17, 24 centraal station

(7) Für den, der etwas Besonderes sucht, ist **Store without a home** die richtige Adresse. Der Inhaber ist für seine Kunden stets auf der Suche nach außergewöhnlichen Möbeln, Lampen und Wohnaccessoires von jungen oder renommierten Designern aus dem In- und Ausland, wie zum Beispiel Möbeln von Seletti, Porzellan von Lenneke Wispelwey und Lampen von Fraumaier.
haarlemmerdijk 26, www.storewithoutahome.nl, geöffnet: mo 13.00-18.00, di-sa 10.00-18.00, straßenbahn: 1, 2, 5 13, 17 martelaarsgracht

UNIVERSE ON A T-SHIRT ⑯

⑪ In Zeiten von Coffee-to-go scheint Tee fast aus der Mode zu geraten. Als erstes chinesisches Teehaus Amsterdams beweist **Formocha**, dass Tee seinem Rivalen durchaus das Wasser reichen kann. Die Sorten, die Sie hier trinken können, importiert Inhaberin Amanda Yiu ausschließlich aus China, Japan und Taiwan. Tipp: Nehmen Sie an einem Workshop teil, in dem Sie alles über die Zubereitung erfahren und darüber, wie man Tee serviert und trinkt. *brouwersgracht 282, www.formocha.nl, telefon: 020 6255233, geöffnet: di-sa 11.00-18.00, straßenbahn: 3 haarlemmerplein*

(15) Niederländer sind echte Naschkatzen, schon seit Generationen stehen Süßigkeiten (*snoep*) wie *drop* (Lakritz) daher hoch im Kurs. Ein toller Süßwarenladen ist **Oud-Hollandsch Snoepwinkeltje**. Hier werden die Leckereien noch pro Stück und in Papiertüten verkauft.

tweede egelantierdwarsstraat 2, www.snoepwinkeltje.com, telefon: 020 4207390, geöffnet: di-sa 11.00-18.30, straßenbahn: 3, 10 marnixplein, 13, 14, 17 westermarkt

(16) Die Prints, mit denen **Universe on a T-shirt** T-Shirts und Pullis bedruckt, sind schön, witzig und vor allem einmalig sowie originell. Entworfen werden sie nämlich im eigenen Atelier. Die Kleidung aus Bio-Baumwolle trägt sich nicht nur angenehm, sie ist auch garantiert sweatshop-free. Interessiert? Dann legen Sie sich doch eine DIY T-shirtbox zu, um ihre alten T-Shirts aufzupeppen.

nieuwe leliestraat 6, www.universeonatshirt.com, telefon: 020 4228721, geöffnet: täglich 11.00-18.00, straßenbahn: 13, 14, 17 westermarkt

(17) Kunden wollen immer wieder etwas Neues, etwas Besonderes sehen. Für Vera von **Brainy Days** kein Problem, denn ihr Sortiment ist themenbezogen und wechselt vierteljährlich. Was ursprünglich als Blog mit inspirierenden Produkten begann, hat sich zu einem Laden für eigenwillige Wohnaccessoires, coole Taschen und sogar ein eigens entworfenes Brainy-bike entwickelt.

hazenstraat 53, www.brainydays.nl, telefon: 06 22714718, geöffnet: fr-mi 11.00-18.00, do 11.00-19.00, straßenbahn: 7, 10, 17 elandsgracht

(23) Calvados-Käse, Cheddar, Pecorino, Käse in Weinblättern: Eine riesige Auswahl an regionalen Produkten, außerdem Käse aus entlegenen französischen Berggebieten und von sonnigen italienischen Inseln bietet **De Kaaskamer**. Noch ein paar leckere Nüsse und Würste dazu – und der Picknickkorb ist perfekt.

runstraat 7, www.kaaskamer.nl, telefon: 020 6233483, geöffnet: mo 12.00-18.00, di-fr 9.00-18.00, sa 9.00-17.00, so 12.00-17.30, straßenbahn: 1, 2, 4, 5, 9, 14, 16, 24 spui

(24) Schon der Duft, der in der prachtvollen **Chocolaterie Pompadour** hängt, lässt einem das Wasser im Mund zusammenlaufen. Alles wird hier von Hand und aus hochwertigen Zutaten hergestellt. Die wunderschöne Vertäfelung des *tearooms* stammt übrigens von 1795 und wurde ursprünglich für das Rathaus der belgischen Gemeinde Mortsel angefertigt.

huidenstraat 12, www.pompadour-amsterdam.nl, telefon: 020 6239554, geöffnet: mo-fr 10.00-18.00, sa 9.00-18.00, so 12.00-18.00, preis: kuchen 3,80 € (zum mitnehmen), 5,25 € (verzehr vor ort), straßenbahn: 1, 2, 4, 5, 9, 14, 16, 24 spui

Voor de zon en het licht
...r de regen in mijn gezicht
...or de wind in mijn haren
...or de mensen die naar mij staren
E...voor de man die net een knipoog gaf
...ik met plezier mijn hoedje af

Sukha

㉕ **We Are Labels** hat um die 30 kleine, exklusive Marken im Sortiment, die ziemlich unbekannt und nur schwer erhältlich sind. Für diese erlesene Kollektion klappern die Mitarbeiter ganz Europa ab. Zu ihrer Auswahl gehören unter anderem Eleven Paris, Nümph, Mina UK oder Club Manhattan (Accessoires).
hoek huidenstraat/herengracht 356, www.welikefashion.com, telefon: 020 6205254, geöffnet: mo 12.00-18.30, di-fr 10.30-18.30, sa 10.00-18.00, so 12.00-18.00, straßenbahn: 1, 2, 5 spui

㉗ Ob in Helsinki oder Doha, Berlin oder Seattle – überall findet man sie, die Lampen von **360 Volt**. Dieser Laden bietet eine riesige Kollektion von Industrie-lampen. Alle Lampen wurden sorgfältig restauriert und mit neuer Technik ausgerüstet, damit sie für heutige Leuchtmittel geeignet sind, sogar für LED.
prinsengracht 397 sous, www.360volt.com, telefon: 020 8100101, geöffnet: mi-sa 11.00-18.00, straßenbahn: 1, 2, 4, 5, 9, 13, 14, 16, 17, 24 dam

㉙ **Fifties-Sixties** ist Nostalgie pur. Hier finden Sie authentische Wohngegen-stände aus den 1950er- und 1960er-Jahren. Der Laden ist bis zur Decke gefüllt mit Toastern, Lampen und Ausgefallenes wie Standaschenbechern.
reestraat 5, www.fifties-sixties.nl, telefon: 020 6232653, geöffnet: do-sa 13.00-17.00, straßenbahn: 1, 2, 4, 5, 9, 13, 14, 16, 17, 24 dam

㉚ Wer an Mexiko denkt, denkt meist an bunte Farben und Leidenschaft. Genau das macht auch **MeCHICas** aus. Hier vertreibt Inhaberin Debbie hand-gefertigten Schmuck von Materialien wie Muscheln und Edelsteinen sowie Silberschmuck mexikanischer Designer, handbemalte Töpferware und Taschen.
gasthuismolensteeg 11, www.mechicas.com, telefon: 020 4203092, geöffnet: so-mo 13.00-18.00, di-mi & fr 12.00-18.00, do 12.00-20.00, sa 11.00-18.00, straßenbahn: 1, 2, 4, 5, 9, 13, 14, 16, 17, 24 dam

㉛ Der gut sortierte Plattenladen **Waxwell Records** hat sich zur Anlaufstelle für zahlreiche DJs mit internationalem Ruf entwickelt. Kein Wunder, denn das Sortiment beläuft sich auf 60.000 Schallplatten, darunter einige echte Perlen. Die Spezialität: Soul und Funk, aber Liebhaber von Old-school-Rap und anderen Genres kommen genauso auf ihre Kosten.
gasthuismolensteeg 8, www.waxwell.com, telefon: 020 6271600, geöffnet: mo-sa 12.00-19.00, so 12.00-18.00, straßenbahn: 1, 2, 4, 5, 9, 13, 14, 16, 17, 24 dam

Amsterdam live

(9) Nicht das Tuschinski ist, wie es häufig behauptet wird, das älteste Kino Amsterdams, sondern **The Movies**. In diesem schicken, im Art-déco-Stil gehaltenen Kino aus dem Jahr 1912 sieht man sich in bequemen Sesseln Arthouse-Filme an.

haarlemmerdijk 161-163, www.themovies.nl, telefon: 020 6386016, geöffnet: restaurant ab 17.30, letzte filmvorstellung meistens um etwa 21.45, film: 11,00 €, straßenbahn: 3 haarlemmerplein

(12) Die authentische Atmosphäre des Jordaan-Viertels erlebt man am besten auf den Märkten. Montags findet auf dem **Noordermarkt** ein Flohmarkt statt, der Vintage-Jäger anzieht. In den Bergen von Kleidung und Schuhen finden Sie garantiert etwas Bezahlbares nach Ihrem Geschmack. Samstags bekommen Sie am Bauernmarkt biologische Köstlichkeiten.

noordermarkt, www.noordermarkt-amsterdam.nl, geöffnet: mo flohmarkt 9.00-14.00, sa bauernmarkt 9.00-16.00, straßenbahn: 13, 14, 17 westermarkt

(14) Das Jordaan-Viertel ist bekannt für seine "Hofjes", Wohnkomplexe mit malerischen Innenhöfen. Oft liegen diese versteckt hinter unauffälligen Türen oder Toren. Hat man den Eingang gefunden, betritt man plötzlich eine andere Welt und landet in einer grünen Oase der Ruhe. Das **Karthuizerhofje** wurde 1650 für Witwen erbaut. Heute werden die Häuser von einer Wohnungsbau-gesellschaft vermietet.

karthuizersstraat 89-171, straßenbahn: 13, 14, 17 westermarkt

(26) Im **Proeflokaal De Admiraal** in einem einstigen Kutscherhaus fühlt man sich ins Goldene Zeitalter zurückversetzt. Sie können hier gut 60 Liköre und 17 Genever probieren, allesamt nach traditionellem Rezept gebrannt. Tipp: Besuchen Sie unbedingt die Toiletten, denn die befinden sich in einem 10.000-Liter-Eichenfass.

herengracht 319, www.proeflokaaldeadmiraal.nl, telefon: 020 6254334, geöffnet: mo-fr 16.30-0.00, sa 17.00-0.00, straßenbahn: 1, 2, 4, 5, 9, 14, 16, 24 spui

Jordaan & Negen Straatjes

SPAZIERGANG 2 (ca. 8,5 km)

Startpunkt ist die gemütliche Haarlemmerstraat ① ② ③. Dann links zum West-indienhaus ④ und zurückgehen ⑤ ⑥ ⑦. Rechts der Buiten Oranjestraat bis zum Hendric Jonkerplein folgen und dort in die Bickersgracht. Die erste Brücke links zum Prinseneiland ⑧ nehmen. Am Ende der Straße links gehen, dann zweimal rechts bis zur Galgenstraat und links das Wasser überqueren. Links abbiegen, nach den Gleisen die Straße überqueren und links Richtung Haarlemmerdijk ⑨. Die erste Straße rechts und wieder rechts in die Vinkenstraat ⑩. Danach links Richtung Brouwersgracht ⑪. Die erste Brücke überqueren und rechts der Palm-straat bis zur Palmdwarsstraat folgen. Links gehen, um das Jordaan-Viertel zu erkunden. Links der Lindengracht folgen und über die Noorderkerkstraat zum Noordermarkt ⑫ ⑬. Rechts in die Westerstraat und die erste Straße rechts. Danach links in die Boomstraat. Die Tweede Boomdwarsstraat schräg Richtung Karthuizersstraat ⑭ überqueren. Danach links in die Tichelstraat ⑮. Die Egelan-tiersgracht überqueren und links die Straße bis zur Prinsengracht gehen. Dieser folgen und in der ersten Straße rechts besondere T-Shirts kaufen ⑯. Die Nieuwe Leliestraat durchqueren, erst links und dann in die erste Straße rechts, die Bloem-gracht. Die nächste Brücke überqueren, rechts in die Bloemstraat und dann links. Geradeaus finden Sie ⑰ und ⑱. Dann links der Elandsgracht folgen ⑲ und den Helden des Volkslieds ⑳ einen Besuch abstatten. Rechts der Prinsengracht bis zur Oude Looiersstraat folgen und dann die erste links. Das Wasser überqueren, rechts gehen und an der Lijnbaansgracht links. Erneut das Wasser überqueren, erst links und dann rechts Richtung De Krakeling ㉑. Die nächste Brücke Richtung Passeerdersgracht ㉒ überqueren. Dieser bis zur Prinsengracht folgen, links gehen und über die erste Brücke rechts, um in die Negen Straatjes ㉓ ㉔ ㉕ zu gelangen. Jenseits der Herengracht links wartet Likör ㉖. Die Herengracht überqueren, am Wasser rechts bei ㉗ vorbeischauen. In der ersten Straße rechts finden Sie ㉘ und nette Läden ㉙ ㉚ ㉛. Am Singel links und dann wieder links. Die Einkaufs-passage durchqueren und am Westermarkt die Straße überqueren, um Sehens-wertes ㉜ ㉝ ㉞ zu bewundern. Dann weiter zur Prinsengracht und rechts der Leliegracht folgen. Den Spaziergang mit einem Dinner abschließen ㉟ ㊱ ㊲.

SPAZIERGANG 4
SPAZIERGANG 6
SPAZIERGANG 2
SPAZIERGANG 6
SPAZIERGANG 1
SPAZIERGANG 3
SPAZIERGANG 5

Legend:

- 🔵 = Sehenswürdigkeiten
- 🔴 = Essen & Trinken
- 🟢 = Shoppen
- 🟠 = Amsterdam live

Westerpark

Haarlemmervaart

HAARLEMMERWEG

Het IJ

EYE Filminstituut

Amsterdam Centraal

PRINS HENDRIKKADE

Sexmuseum

Beurs van Berlage

Multatuli Museum

Koninklijk Paleis

Anne Frank Huis

Madame Tussauds

Waag — Nieuwmarkt

Rembrandt-huis

Stadhuis

Waterlooplein

Allard Pierson Mus.

Bijbels Museum

Munttoren

Stadsarchief

FOAM

Hermitage

De Otter

Start / Ziel

0   250 m

Oud-West & Vondelpark

Wohlstand mit kreativer Note

Wenn man die Amsterdamer Oberschicht und Schickeria sucht, wird man hier garantiert fündig. Kein Wunder, denn mit dem Vondelpark und der P.C. Hooft-straat als schicken Einkaufsmeilen vor der Tür und mit tollen Cafés und Kneipen in der Nähe lässt es sich inmitten von teuren Villen ausgezeichnet wohnen.

Auch das vornehme Museumsviertel grenzt an den Vondelpark und beherbergt einige der bedeutendsten kulturellen Sehenswürdigkeiten der Stadt: zum Beispiel das Concertgebouw, aber auch die drei größten Museen, das Rijksmuseum, das Stedelijk Museum und das Van-Gogh-Museum.

Nach einem groß angelegten zehnjährigen Umbau sind die Türen des Rijksmuseum seit Mitte 2013 wieder geöffnet. Auch das Stedelijk Museum und das Van-Gogh-Museum wurden grunderneuert und sind inzwischen wieder zugänglich. Seitdem erstrahlen Rembrandts *Nachtwache*, Rietvelds *Rot-Blauer Stuhl* und Van Goghs *Kartoffelesser* in altem Glanz.

3

Oud-West hat sich in den letzten Jahren stark gemausert und gehört mit seinen zahlreichen Cafés, Kneipen und Läden heute zweifellos zu den beliebtesten Stadtteilen. Am Overtoom und in der direkten Umgebung gibt es Restaurants, die für anständige Preise gute Tagesgerichte oder Pizzen servieren.

Auf dem riesigen Gelände des ehemaligen Krankenhauses Wilhelmina Gasthuis haben sich Künstler und Kreative niedergelassen, und in dem ehemaligen pathologisch-anatomischen Labor wird heute ausgezeichnetes Essen serviert. Wegen seiner hohen Mauer ist dieses "selbst geschaffene Viertel" von der Straße aus kaum zu sehen.

6 Insider-Tipps

Rijksmuseum

Weltberühmte Werke bewundern.

Pied à Terre

In dieser riesigen Reisebuchhandlung Ideen sammeln.

Vondelpark

Den berühmten Park ausgiebig genießen.

&klevering

Geschenke kaufen, die sicher ankommen.

Café Thuys

Im "Wohnzimmer" des Viertels am *pubquiz* teilnehmen.

Stedelijk Museum

Eine Entdeckungsreise durch zeitgenössische Kunst unternehmen.

- Sehenswürdigkeiten
- Shoppen
- Essen & Trinken
- Amsterdam live

Sehenswürdigkeiten

(1) Nach einem umfassenden Umbau ist das **Rijksmuseum** seit Mitte 2013 wieder geöffnet. In den 80 Räumen finden Besucher 8000 Exponate aus 800 Jahren niederländischer Kunst und Geschichte. Absolute Highlights: Rembrandts *Nachtwache* und Jan Vermeers *Dienstmagd mit Milchkrug*. Tipp: Sehen Sie sich nach dem Museumsbesuch unbedingt den schönen Garten an.
museumstraat 1, www.rijksmuseum.nl, telefon: 020 6747000, geöffnet: täglich 9.00-17.00, eintritt: 15 €, straßenbahn: 2, 5 hobbemastraat, 12 museumplein

(2) Die **Stadsschouwburg** bietet täglich ein erstklassiges Theaterprogramm. Im großen Barocksaal sitzt man auf dem wunderschönen Balkon, im neuen Rabosaal dominiert dagegen eine moderne Einrichtung. Die Stadsschouwburg ist auch das Heimattheater der Theatergruppe Toneelgroep Amsterdam.
leidseplein 26, www.ssba.nl, telefon: 020 6242311, öffnungszeiten und preise: wechselnd, je nach programm (siehe website), straßenbahn: 1, 2, 5 leidseplein

(3) Ein Spaziergang durch die Roemer Visscherstraat ist wie eine Reise quer durch Europa. Vor 120 Jahren hatte der Bankier und Lokalpolitiker Sam van Eeghen die Idee, sieben Häuser in sieben verschiedenen Landesstilen bauen zu lassen. Das Ergebnis: **Zevenlandenhuizen** (Siebenländerhäuser). Der romantische Baustil repräsentiert Deutschland, der Loire-Stil Frankreich, der maurische Stil Spanien, der Palazzo-Stil Italien, die zwiebelförmige Kuppel Russland, der Renaissancestil die Niederlande und der Cottage-Stil England.
roemer visscherstraat 20-30, nicht öffentlich zugänglich, straßenbahn: 1, 3, 12 eerste constantijn huygenstraat oder overtoom

(6) Pierre Cuypers war einer der großen Amsterdamer Architekten und baute sein Traumhaus (1876–1877) am Vondelpark, vis-à-vis der von ihm entworfenen Vondelkirche. Geprägt ist die **Villa Pierre Cuypers** von Stilelementen der Neugotik und Neorenaissance. Eine Besonderheit: ein Fries mit drei Männern und dem Text "Jan bedenckt et, Piet volbrengt et, Claesgen laeckt et. Och wat maeckt et" (Jan hat es erdacht, Piet hat es erbracht, Claesgen hat es getadelt. Ach, was soll's). Mit Jan meinte er sich selbst, mit Piet den Bauunternehmer und mit Klaas die Stadt Amsterdam, die sich, laut Cuypers, seinen Plänen widersetzte.
vondelstraat 75, nicht öffentlich zugänglich, straßenbahn: 1, 3, 12 eerste constantijn huygenstraat oder overtoom

(7) Am Vondelpark steht ein erhabenes neugotisches Bauwerk, die **Vondelkerk**. 1872 wurde die Kirche nach den Entwürfen des Architekten Pierre Cuypers erbaut, der auch den Hauptbahnhof und das Rijksmuseum gestaltet hat. Der große Saal kann an Wochenenden gemietet werden.
vondelstraat 120d, nicht öffentlich zugänglich, straßenbahn: 1, 3, 12 eerste constantijn huygenstraat oder overtoom

(16) In früheren Zeiten befand sich in Amsterdam an fast jeder Straßenecke eine Brauerei. An manchen Gebäuden ist dies noch zu erkennen, wie an der **Da Costakade** 108. Das Haus mit der Hausnummer 102 diente einst als Weinlager. Erbaut wurde es 1903 in eklektizistischem Stil, in dem Elemente der Neorenaissance und des Jugendstils zum Tragen kommen. Im Obergeschoss lagen die Verkostungsräume.
da costakade 102-106, nicht öffentlich zugänglich, straßenbahn: 3, 12, 13, 14 bilderdijkstraat oder de clerqstraat

(34) Das **Van-Gogh-Museum** beherbergt die weltweit größte Sammlung mit Bildern des Meisters: rund 200 Gemälde, darunter *Die Kartoffelesser*, 500 Zeichnungen, 700 Briefe und seine Sammlung japanischer Bilddrucke. Neben Werken von Van Gogh verfügt das Museum auch über einige impressionistische und postimpressionistische Exponate aus dem 19. Jahrhundert.
paulus potterstraat 7, www.vangoghmuseum.nl, telefon: 020 5705200, geöffnet: sa-do 9.00-17.00, fr. 9.00-22.00, eintritt: 15 €, straßenbahn: 2, 3, 5, 12 van baerlestraat, 16, 24 museumplein

(35) Genauso wie das Rijksmuseum hat auch das **Stedelijk Museum** einen Umbau hinter sich, der einige Jahre in Anspruch nahm. Markanteste Neuigkeit: der Erweiterungsbau, der aufgrund seiner Form bereits jetzt "de Badkuip" (die Badewanne) genannt wird. Im alten Teil des Museums sind renommierte Werke zeitgenössischer Kunst zu bewundern, während im Neubau Sonderausstellungen stattfinden.
museumplein 10, www.stedelijk.nl, telefon: 020 5732911, geöffnet: fr-mi 10.00-18.00, do 10.00-22.00, eintritt: 15 €, straßenbahn: 2, 3, 5, 12 van baerlestraat, 16, 24 museumplein

Essen & Trinken

⑤ Nach einer umfangreichen Renovierung ist der Vondelpark-Pavillon wieder das, was er einmal war: der Salon des berühmten Parks. Neben Medienbetrieben und kulturellen Organisationen beherbergt er auch das Restaurant **Vondelpark/3**, das mediterrane Gerichte mit einer modernen Note anbietet. Der prachtvolle Speisesaal und die beiden großen Terrassen sind auch ein perfekter Ort für ein stilvolles Frühstück oder einen Kaffee.
vondelpark 3, www.vondelpark3.nl, telefon: 020 6392589, geöffnet: so-do 8.30-1.00, fr-sa 8.30-2.00, preis: 23 €, straßenbahn: 1, 3, 12 eerste constantijn huygenstraat oder overtoom

⑨ **De Koffie Salon** ist nicht nur wegen des ausgezeichneten Kaffees, der vor Jahren als bester der Niederlande ausgezeichnet wurde, einen Besuch wert. Denn das Lokal befindet sich in einem prachtvollen, 1933 fertiggestellten Art-déco-Gebäude mit wunderbaren Bleiglasfenstern und geometrischen Figuren.
eerste constantijn huygenstraat 82, www.dekoffiesalon.nl, telefon: 020 6124079, geöffnet: täglich 7.00-19.00, straßenbahn: 1, 3, 12 eerste constantijn huygenstraat oder overtoom

⑩ In der Café-und-Wein-Bar **Screaming Beans** dreht sich nicht alles um Kaffeebohnen – auch Wein und Tee stehen im Fokus. Kaffee und Tee sind biologisch, die Weinauswahl ist eine gute Mischung aus großen Namen und kleinen Perlen, die ausgefallenen Erfrischungsgetränke und Biere stammen von kleinen Herstellern.
eerste constantijn huygensstraat 35, www.screamingbeans.nl, telefon: 020 6160770, geöffnet: mi-sa 12.00-24.00, so 12.00-22.00, preis: wein ab 4,50 €, drei-gänge-menü ab 35 €, straßenbahn: 1, 3, 12 eerste constantijn huygenstraat oder overtoom

⑪ Léonie hat ihren Traum verwirklicht und ihr Hobby zum Beruf gemacht. Im **Baksels** präsentiert sie ihre Backkünste. Die Torten sind einfach, aber köstlich. Sie können ein Stück mitnehmen oder es vor Ort auf der Fensterbank genießen. Léonies Lieblingsgebäck: die Raspberry-Cheesecake-Brownies.
bilderdijkstraat 201, www.baksels.nl, telefon: 020 3892001, geöffnet: di-fr 10.00-18.00, sa 11.00-17.00, preis: stück kuchen 3,50 €, straßenbahn: 3, 7, 12, 17 bilderdijkstraat oder kinkerstraat

⑬ Bei **Lot Sixty One Coffee Roasters** gibt es Kaffee zum Mitnehmen – aber ohne Eile und Hektik. Denn der Barista lässt sich Zeit, den Kaffee richtig zuzubereiten, und weiht Sie auch gerne in dieses Ritual ein. Tipp: Wer am Montag oder Dienstag kommt, kann das Rösten miterleben.

kinkerstraat 112, www.lotsixtyonecoffee.com, telefon: 06 16054227, geöffnet: mo-fr 8.00-17.00, sa 9.00-17.00, so 10.00-17.00, preis: kaffee ab 2 €, straßen-bahn 3, 7, 12, 17 bilderdijkstraat oder kinkerstraat

⑮ "Ein Restaurant für coole Männer und Frauen mit Sinn fürs Kulinarische", so beschreibt die **Bar Brouw** sich selbst. In den Hauptrollen agieren Fleisch, Bier und Whisky, allerdings nicht irgendein Fleisch, sondern geräuchertes, langsam gegartes Bio-Fleisch, zum Beispiel Bauchfleisch und Ribs. Auch nicht irgendein Bier, sondern Bier von Mikrobrauereien. Und nicht irgendein Whisky, sondern ausschließlich *single malt* aus Schottland und den USA. Für Vegetarier, die den Duft von Gegrilltem schätzen, gibt es Quinoaburger.

ten katestraat 16, www.barbrouw.nl, telefon: 020 2238569, geöffnet: so-do 12.00-0.00, fr-sa 12.00-1.00, straßenbahn: 7, 17 ten katestraat

⑱ Abgesehen von der blauen Markise und dem Namen ist an **To Ouzeri** so gut wie nichts typisch griechisch. Die Einrichtung ist hell, das Essen immer frisch zubereitet und die Speisekarte ungewöhnlich. Neben *mezedes*, griechischen Tapas, die locker mit ihrem spanischen Pendant mithalten können, gibt es auch *tiri saganaki*, geschmolzenen Käse flambiert mit griechischem Weinbrand, oder das unaussprechliche Gericht *kolokithokeftedes*.

de clerqstraat 106, www.toouzeri.nl, telefon: 020 6181412, geöffnet: di-so 17.00-23.00, preis: tapas/mezedes 7 €, straßenbahn: 3, 12, 13, 14 bilderdijk-straat oder de clerqstraat

⑳ Wer diese typische Amsterdamer Kneipe betritt, wird kaum glauben, dass sie erst vor zehn Jahren eröffnet wurde. **Café Thuys** ist das "Wohnzimmer" des Viertels Kinkerbuurt. Hierher kommen die Anwohner, um am *pubquiz* teilzu-nehmen, Fußball zu schauen oder für wenig Geld eine warme Mahlzeit wie Schnitzel oder Eintopf zu genießen. Bei schönem Wetter auch draußen auf der Terrasse, wo es einem nie langweilig wird.

de clerqstraat 129, www.cafe-thuys.nl, telefon: 020 6120898, geöffnet: so-do 11.00-1.00, fr-sa 11.00-2.00, preis: 15 €, straßenbahn: 12, 13, 14 willem de zwijgerlaan

㉕ **Deegrollers** (Teigroller) hat zwar einen niederländischen Namen, ist aber eine typische Pizzeria mit Pizzen, die von einem waschechten Italiener hergestellt werden. Und das schmeckt man. Der Boden ist hauchdünn, die Zutaten frisch vom Markt und die Zusammenstellung könnte italienischer nicht sein: Trüffel mit Pecorino oder Pancetta (Bauchspeck) mit Pilzen, zum Beispiel. Pizzen wie Margherita und Cinque (!) Formaggi dürfen natürlich nicht fehlen. Zum italienischen Flair tragen auch die langen Holztische bei oder – bei schönem Wetter – die Terrasse am Wasser.
jan pieter heijestraat 110, telefon: 020 2212098, geöffnet: täglich 17.00-22.00, preis: pizza 13 €, straßenbahn: 1 overtoom, 7, 17 kinkerstraat

㉘ **Voldaan – soep & ballen** ("Zufrieden – Suppe mit Fleischklößchen") klingt gut und ist es auch. Das Traditionsgericht gibt es hier allerdings in zahllosen Ausprägungen. Die arabische Variante zum Beispiel besteht aus Linsensuppe mit pikanten Lammhackklößchen. Auf der Karte findet man zudem eine vegetarische und eine glutenfreie Variante. Die herrlichen Dips, Chutneys und Kompotte kann man in netten Gläsern auch kaufen.
jan pieter heijestraat 121, facebook.com/voldaan-amsterdam, telefon: 06 20586553, geöffnet: di-so 12.00-20.30, preis: menü ab 7,95 €, straßenbahn: 1 jan pieter heijestraat oder overtoom

㉚ Die Pizzabäcker dieses gut besuchten Lokals kommen nicht so schnell zur Ruhe, denn die Pizzen von **Forno** sind in Oud-West sehr beliebt. Das Konzept ist simpel: schlichte Einrichtung, große Terrasse und Holzofenpizzen mit perfektem Boden. Darüber hinaus bietet Forno gute Antipasti (Austern mit Roter Bete zum Beispiel), besondere Toppings (wie Pizza Calzone mit Hirsch) und Qualitätsweine und -proseccos.
rhijnvis feithstraat 43, facebook.com/restaurantforno, telefon: 020 6187415, geöffnet: täglich 11.00-1.00, preis: pizza 13 €, straßenbahn: 1 rhijnvis feithstraat

DEEGROLLERS ㉕

㉛ Das Interieur von **BUUF eten** stammt aus den 1970er-Jahren, das Ambiente ist gemütlich, das Personal freundlich und die Preise sind moderat. Neben einem feinen Buffet werden täglich jeweils zwei Fisch-, Fleisch- und Veggie-Gerichte angeboten. Man bestellt an der Theke oder über die spezielle App. Wenn Sie bei schönem Wetter gerne draußen essen, die Terrasse aber schon voll ist, können Sie auch einen Picknickkorb mit ihren Lieblingsspeisen von der Karte und sonstigem Zubehör ordern. Der Vondelpark liegt schließlich gleich um die Ecke!

overtoom 495, www.buufeten.nl, geöffnet: täglich 11.30-22.00, preis: 8,80 €, straßenbahn: 1 overtoomsesluis

&KLEVERING

Shoppen

(8) Reiselustige Amsterdamer wissen es schon lange: **Pied à Terre** ist die beste, größte und schönste Reisebuchhandlung der Stadt. Hier findet der Reisende eine gigantische Auswahl an Reiseführern, Globen, Wanderkarten und vielem mehr.
overtoom 135-137, www.piedaterre.nl, telefon: 020 6274455, geöffnet: mo 13.00-18.00, di-mi & fr 10.00-18.00, do 10.00-21.00, sa 10.00-17.00, straßenbahn: 1, 3, 12 eerste constantijn huygenstraat oder overtoom

(12) Die Schwestern **Jutka & Riska** verkaufen Vintage-Kleidung, eigene Entwürfe und Kreationen junger Modeschöpfer. Außerdem finden Sie in ihrem geräumigen Laden eine nette Auswahl von Schmuck, Taschen, Sonnenbrillen und Schuhen. Praktisch: Die Kleidungsstücke – allesamt Unikate und nicht teuer – sind farblich sortiert. Jutka & Riska hat noch drei weitere Niederlassungen: in Amsterdam (Bilderdijkstraat 194), Antwerpen und Haarlem.
bilderdijkstraat 194, www.jutkaenriska.nl, telefon: 06 24668593, geöffnet: fr-mi 10.30-19.00, do 10.30-21.00, straßenbahn: 3, 7, 12, 17 bilderdijkstraat oder kinkerstraat

(17) Nach Berlin hat auch Amsterdam jetzt zwei neuartige Supermärkte. **Bilder & de Clerq** (die zweite Filiale befindet sich an der Ceintuurbaan) verkauft Zutaten für bestimmte Gerichte und zwar in genau abgemessenen Portionen. Die Auswahl an Saisonprodukten wechselt wöchentlich und auf Rezeptkarten wird die Zubereitung erklärt. Außerdem gibt es Kaffee, hausgemachte belegte Brötchen und tolle Delikatessen.
de clerqstraat 44, www.bilderdeclerq.nl, telefon: 020 7607640, geöffnet: mo-fr 8.00-21.00, sa-so 10.00-20.00, straßenbahn: 3, 12, 13, 14 bilderdijkstraat oder de clerqstraat

(19) Wer bei Bürozubehör nur an Heftklammern und Ringmappen denkt, sollte mal bei **Misc Store** vorbeischauen. Nach dem enormen Erfolg des Webshops ist der Amsterdamer Ableger ebenfalls ein Renner. Angeboten werden tolle Netbooks, Kalender, Notizbücher, Kugelschreiber und vieles mehr.
de clerqstraat 130, www.misc-store.com, telefon: 020 7009855, geöffnet: mi-fr 13.00-19.00, sa 12.00-18.00, straßenbahn: 3, 12, 13, 14 bilderdijkstraat oder de clerqstraat

(22) Die Initiatoren von **Creatieve Garage** bezeichnen ihr Projekt als "Drop-off-Laden". 20 kreative Geister, die sich keinen eigenen Laden leisten könnten, nutzen den Zusammenschluss, um ihre einzigartigen Produkte zu vermarkten. Das Sortiment reicht von handgefertigten Taschen, Schmuck und Kleidung bis hin zu schönen Dingen für zu Hause – tolle Mitbringsel für wenig Geld. Es werden auch Workshops und andere Veranstaltungen angeboten.
bellamystraat 91, www.creatievegarage.com, telefon: 06 19979967, geöffnet: di-sa 11.00-17.00, straßenbahn: 7, 17 ten katestraat

(23) Die sympathischen Inhaber von **Bullitt** haben eine ungezügelte Leidenschaft für Design, Kunst, Styling und Mode, die auch in ihrem Laden spürbar ist. Es gibt keinen bestimmten Stil, angeboten wird, was gefällt. Deshalb findet man hier neben Kleidung und Accessoires auch selbst gefertigten Schmuck, Retro-Stereo-Anlagen, Lampen oder Glasobjekte.
jan pieter heijestraat 91-93, www.bullittamsterdam.nl, telefon: 020 6180007, geöffnet: di-fr 11.00-18.30, sa 11.00-18.00, straßenbahn: 1 overtoom, 7, 17 kinkerstraat

(24) Ob Quarkbollen mit Preiselbeeren, biologisches Maisbrot mit Kürbiskernen, Vollkornbrot mit Walnüssen – Bäcker Frank von **Frankie's Corner** präsentiert allwöchentlich neue Kreationen, die allesamt gesund, biologisch und frei von Konservierungsstoffen sind. Wie es dem Inhaber eines gut gelegenen Ladens gebührt, weiß er genau, was sich im Viertel gerade tut, und teilt dies auch gerne mit.
jan pieter heijestraat 95, telefon: 020 6121776, geöffnet: mo-sa 7.00-18.00, straßenbahn: 1 overtoom, 7, 17 kinkerstraat

(29) Dass Sneakers in puncto Vielfalt Pumps inzwischen durchaus das Wasser reichen können, beweist der moderne Sneakerladen **Label 1401**, der ein riesiges Sortiment bereithält. Die Modelle von Marken wie Supra, Creative Recreation, Goliath, Shabbies oder Radical sind stilvoll, anders und auffällig. Und genau das will Label 1401 auch sein.
jan pieter heijestraat 153, www.label1401.com, telefon: 020 6161734, geöffnet: di-mi, fr-sa 10.00-18.00, do 10.00-20.00, straßenbahn: 1 jan pieter heijestraat oder overtoom

⃝32 Wer auf der Suche nach originellen Wohnaccessoires oder einem netten Geschenk ist, sollte bei &klevering vorbeischauen. Neben der Hausmarke &k amsterdam finden Sie hier auch Produkte von HAY, Iittala oder ferm LIVING. Ob Schränke oder Kissen, Lampen oder Spielzeug – **&klevering** hat alles. Eine weitere Filiale finden Sie in der Haarlemmerstraat 8.

jacob obrechtstraat 19a, www.klevering.nl, telefon: 020 6703623, geöffnet: mo 12.00-18.30, di-fr, 10.30-18.30, sa 10.00-18.00, so 11.30-18.00, straßen-bahn: 2 jacob obrechtstraat oder willemsparkweg

Amsterdam live

(4) Für viele Amsterdamer ist der **Vondelpark** wie ihr eigener Garten, hier werden Partyzelte aufgestellt und Familienfeste gefeiert. Von Juni bis August veranstaltet die Freiluftbühne mittwochs bis sonntags allabendlich Tanz-, Theater- und Musikaufführungen, der Eintritt ist frei.
constantijn huygenstraat, www.hetvondelpark.net, geöffnet: täglich, straßenbahn: 2, 3, 5, 12, van baerlestraat

(14) Bis ins späte 19. Jahrhundert waren **De Hallen** das größte Straßenbahndepot der Stadt. Der 15.000 Quadratmeter große Komplex wurde originalgetreu restauriert und ist heute die Wirkungsstätte der Kreativen: Neben TV-Studios beherbergen De Hallen ein Kino mit Art-déco-Saal, eine Bibliothek mit Literaturcafé, einige tolle Restaurants und ein Hotel mit industriellem Flair.
hannie dankbaar passage 33, www.dehallen-amsterdam.nl, telefon: 020 7058164, straßenbahn: 3, 7, 12, 17 bilderdijkstraat oder kinkerstraat

(21) Ein Spaziergang durch die **Bellamystraat** ist wie eine Zeitreise. Denn die Straße befindet sich auf *polderpeil*, dem niedrigen Niveau, auf dem alle Dörfer Amsterdams vor der Stadterweiterung von 1865 lagen. Aufgrund ihrer großen Bedeutung für die Stadt blieb die Straße erhalten und ist heute mit ihrer Bebauung aus der zweiten Hälfte des 19. Jahrhunderts absolut sehenswert.
bellamystraat, straßenbahn: 7, 17 ten katestraat

(26) Das **PAL 111** hat sich im einstigen Krankenhaus Wilhelmina Gasthuis niedergelassen. Ausgezeichnetes Essen, exklusive Filme und Kunstprojekte wie zum Beispiel experimentelle Musikaufführungen gibt es hier zu entdecken. Ein Geheimtipp, wenn Sie das andere Amsterdam kennenlernen möchten.
arie biemondstraat 101-111, www.pal-111.nl, telefon: 020 6169994, geöffnet: mo-do, fr ab 12.00, sa-so ab 14.00, straßenbahn: 17 ten katemarkt

(27) Bis Anfang der 1980er-Jahre gehörte das **Wilhelmina Gasthuis** zu den größten Kliniken der Stadt. Nach der Schließung wurde das Gelände Privatpersonen, Künstlern, sozialen Organisationen und kleinen Unternehmen zur Verfügung gestellt, die dem Areal neues Leben einhauchten.
ketelhuisplein 41, www.wg-terrein.nl, straßenbahn: 1, 3, 7, 12 eerste constantijn huygenstraat oder overtoom

VONDELPARK ④

㉝ Die schicke **P. C. Hooftstraat**, auch "PC" genannt, ist bekannt für ihre Edelboutiquen. Dolce & Gabbana, Louis Vuitton, Gucci oder Armani sind hier zu finden. Entsprechend hoch ist die Dichte an *BNern* (berühmten Niederländern), reichen Touristen und Edelkarossen.
p.c. hooftstraat, www.pchooftstraat.nl, straßenbahn: 3, 12 van baerlestraat

㊱ Das Amsterdamer **Concertgebouw** (Konzertgebäude) ist einer der besten Konzertsäle für klassische Musik, weltweit berühmt für seine perfekte Akustik und daher auch sehr gut besucht. Karten muss man lange im Voraus buchen. Eine Alternative sind die Gratiskonzerte mittwochs von 12.30 bis 13.00 Uhr.
concertgebouwplein 10, www.concertgebouw.nl, telefon: 0900 6718345, öffnungszeiten und preise: wechselnd, je nach programm (siehe website), straßenbahn: 2, 3, 5, 12 museumplein

Oud-West & Vondelpark

S P A Z I E R G A N G   3 (ca. 10 km)

Nach den großen Meistern **1** geht es Richtung Stadhouderskade. Über die Brücke und links der Lijnbaansgracht folgen. Rechts halten und der Korte Leidsedwarsstraat Richtung Leidseplein **2** folgen. Danach geht es an der Schouwburg vorbei zur Vondelstraat. Dann die erste Straße links und die nächste rechts zu den Zevenlandenhuizen **3**. Den Vondelpark **4** **5** **6** **7** durchqueren. Rechts an der Kirche vorbei Richtung Overtoom **8**. Die Straße überqueren und dann in die Tweede Constantijn Huijgensstraat. Dort die erste Straße rechts **9** nehmen, dann die erste links, um etwas zu trinken **10** **11** oder einen Laden **12** zu besuchen. Links in die Kinkerstraat **13** und rechts in die Tollensstraat **14**. Dieser bis zur Ten Katestraat folgen und dort rechts, um ein Steak **15** zu genießen. Rechts der Jan Hanzenstraat bis zum historischen Da Costakade folgen **16**. Weiter geht es Richtung De Clerqstraat. Links gehen **17**, in die Bilderdijkstraat und dann wieder links in den Bilderdijkpark. Richtung Bilderdijkkade, dann links und danach rechts in die De Clerqstraat **18** **19**. Verschnaufen können Sie im "Wohnzimmer" des Viertels **20**. Danach links in den Tweede Kostverlorenkade. Den Park Richtung Korte Schimmelstraat durchqueren und rechts in die Jan Hanzenstraat. Links der Straße bis zur Bellamystraat **21** folgen. Hier rechts **22**, links, rechts und wieder links in die Jan Pieter Heijestraat mit den netten Läden **23** **24** **25**. Links in den Jacob van Lennepkade, rechts in die Nicolaas Beetsstraat und in die Arie Biemondstraat mit den Kunstinstallationen **26** und dem einstigen Krankenhaus **27**. Richtung Ite Boeremastraat gehen. Hier erst rechts und dann links in die Kanaalstraat. Dort links in die Jan Pieter Heijestraat **28** **29**. Danach rechts der Eerste Helmersstraat bis zur Rhijnvis Feithstraat folgen, um Pizza zu essen **30**. Links Richtung Overtoom **31**. Etwas zurückgehen und rechts in die Frederiksstraat. In den Vondelpark gehen und diesen an der Jacob Obrechtstraat verlassen. Der Straße folgen **32**, rechts in die Van Breestraat und am Ende links. Weiter Richtung Van Eeghenstraat gehen, rechts in die Van Baerlestraat und dann links. Die zweite Straße rechts ist die schöne P.C. Hooftstraat **33**. Rechts in die Van de Veldestraat mit zwei Museen **34** **35**. Den Museumplein schräg überqueren und den Spaziergang mit einem Musikerlebnis abschließen **36**.

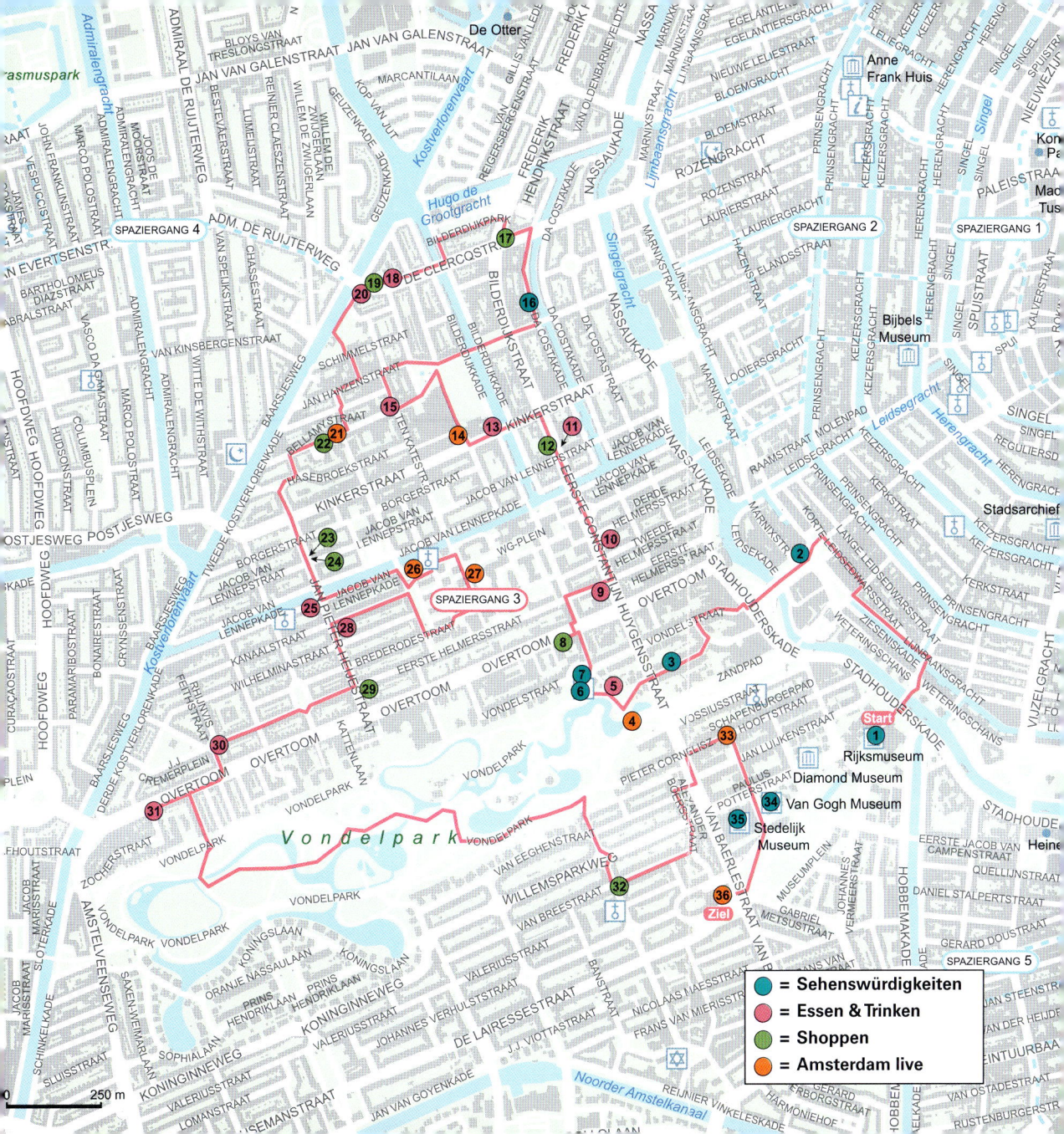

= Sehenswürdigkeiten

= Essen & Trinken

= Shoppen

= Amsterdam live

3

West & Westerpark

Raue Schale, weicher, kreativer Kern

Noch vor einigen Jahren hätte kein Amsterdamer sich hier freiwillig her begeben, geschweige denn häuslich niedergelassen. Nach wie vor haftet den Vierteln De Baarsjes und Bos en Lommer bei vielen ein eher zweifelhafter Ruf an, in Reiseführern werden sie daher auch selten genannt. Schade eigentlich, denn genau hier passiert etwas.

Das Besondere an der neuen Entwicklung ist, dass sie von den Anwohnern und Unternehmern vor Ort angetrieben wurde. Mit Initiativen wie "Geef om de Jan Eef" (Spendenaktion für die Verschönerung der Jan Evertsenstraat) oder BoLo Boost (für Bos en Lommer) hauchten sie den teils heruntergekommenen Straßen und Gegenden neues Leben ein. Heute herrscht hier große Betriebsamkeit: Pop-up-Stores öffnen ihre Türen, Wochenendmärkte locken Besucher an und shoppen macht wieder richtig Spaß. Große Ketten sucht man allerdings vergeblich, aber genau das bietet kleinen Unternehmern und neuen Ideen Raum und Chancen.

4

West ist noch immer ein Stadtteil in Bewegung. Mit seinen vielen Kulturen, kreativen Jungunternehmern und der rauen Ausstrahlung sind gewisse Ähnlichkeiten zu Kreuzberg oder Brooklyn nicht von der Hand zu weisen. Zu diesem Image trägt nicht zuletzt auch das Westergas-Gelände bei. Die Gaswerke sind schon längst abgezogen, heute kommt dem Komplex eine bedeutende Rolle als Wirkungsstätte der Kreativen zu. Tagtäglich werden von hier Fernsehshows gesendet und auch die Zahl der Festivals wächst stetig.

Dass der Stadtteil West ein kreatives Bollwerk ist, wundert nicht. Bereits vor 100 Jahren waren es die Architekten der Amsterdamer Schule, die hier ihrer Fantasie freien Lauf ließen. Das Ergebnis sieht man heute noch, unter anderem im Viertel Spaarndammerbuurt, das zahlreiche Gebäude in diesem Baustil aufweist. Die Formenvielfalt, die an den Expressionismus erinnert, ist nach wie vor eindrucksvoll.

6 Insider-Tipps

Westergas-Gelände

Ein Festival miterleben und den Komplex erkunden.

DopHert

Veganes Essen probieren.

Strand West

Am Sandstrand relaxen und den Hafenblick genießen.

Things I like things I love

Ein tolles neues Outfit erstehen.

Museum Het Schip

Alles über die Amsterdamer Schule erfahren.

Fa. Speijkervet

Großmutters Küche mit moderner Note probieren.

 Sehenswürdigkeiten

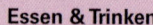 Essen & Trinken

 Shoppen

Amsterdam live

Sehenswürdigkeiten

(12) Der **Mercatorplein** wurde Mitte der 1920er-Jahre nach Plänen des namhaften Architekten H. P. Berlage als neues Zentrum des Stadtteils West gestaltet. Berlage schwebte ein Platz mit Cafés, Theater, Kino und Kaufhaus vor, daraus wurde jedoch nichts. Es entstand eine reine Wohngegend mit einigen meist kleinen Läden. Heute ist der Mercatorplein eine beliebte Wohnadresse und daher entsprechend teuer.
mercatorplein, straßenbahn: 7, 13 mercatorplein

(13) Der Stadtteil West ist ein Eldorado für Liebhaber der Amsterdamer Schule. Die **Jeruzalemkerk** gehört zweifellos zu den imposantesten Beispielen dieses Architekturstils. Die 1929 fertiggestellte Kirche wurde nicht freistehend erbaut, sondern an bestehende Bebauung angebaut, als Ausdruck dafür, dass Gott bei den Menschen sein will. Markant ist nicht nur die Symmetrie der Fassade, sondern auch die ungewöhnliche Nord-Süd-Ausrichtung des Gotteshauses. Die sieben Bleiglasfenster symbolisieren die sieben Tage der Schöpfung.
jan maijenstraat 14, www.jeruzalem-kerk.nl, straßenbahn: 7, 13 mercatorplein

(14) Die **Vespuccistraat** ist ein gutes Beispiel dafür, wie wichtig es ist, dass Anwohnern das Erscheinungsbild ihrer Wohngegend nicht egal ist. Bei der ursprünglichen Gestaltung vor fast 100 Jahren wurden Häuser im Stil der Amsterdamer Schule gebaut, Vorgärten angelegt und Bäume gepflanzt. Die Straße sollte als "grüner Teppich" vor dem Erasmuspark dienen. Die Anwohner pflegten ihre Gärten, aber die städtischen Grünflächen verkamen zunehmend. Bis die Nachbarschaft beschloss, das Heft in die Hand zu nehmen und alle Gärten und Grünflächen im Stil der 1920er-Jahre gestalten ließ.
vespuccistraat, straßenbahn: 7, 13 marco polostraat

(19) Was heute wie ein ganz normales Wohnviertel wirkt, stellte 1935 eine Revolution dar. Damals entwarf der Architekt Cornelis van Eesteren die Gartenstadt **Bosleeuw Midden** mit offenen Wohnblöcken, allgemein zugänglichen Innenhöfen und viel, viel Grün. Ziele dieses Neuen Bauens, einer Strömung, zu der auch das Bauhaus zählt, waren die klare Trennung von Wohnen, Arbeiten, Erholung und Natur und die Schaffung bezahlbaren Wohnraums.
zwischen A10, admiraal de ruijterweg, wiltzanghlaan und leeuwendalersweg, straßenbahn: 14 bos en lommerplein

(24) Man könnte meinen, die Mühle **Molen de Bloem** befände sich schon seit Jahrhunderten an ihrem Standort, doch das täuscht. Von 1786 bis 1878 stand die Mühle an der Bloemgracht im Zentrum, daher auch der Name. Da sie beim Bau der Marnixstraat in den 1870er-Jahren im Weg war, wurde sie zerlegt, 1921 wiederaufgebaut und danach mehrmals modernisiert. Getreide malte sie bis 1960, seitdem drehen sich die Flügel nur noch gelegentlich.
haarlemmerweg 465, nicht öffentlich zugänglich, straßenbahn: 12, 14 bos en lommerweg

(26) Die 1883 errichtete Westergasfabriek war das größte Steinkohlegaswerk der Niederlande. Bis in die 1960er-Jahre wurde hier Gas produziert, heute ist das **Westergas-Gelände** Natur- und Kulturpark in einem. Im Ketelhuis (Kesselhaus) laufen niederländische Filme, in den Studios werden Fernsehsendungen aufgenommen. Tanzen kann man in der Bar Pacific Parc, und wer Festivals mag, kommt das ganze Jahr hindurch auf seine Kosten.
polonceaukade, www.westergasfabriek.nl, telefon: 020 5860710, geöffnet: täglich, straßenbahn: 10 van limburg stirumplein

(34) "Arbeiterpalast", so wurde das Haus, das das **Museum Het Schip** beherbergt, einst genannt. Zwischen 1914 und 1920 im Stil der Amsterdamer Schule erbaut, wurden in dem trapezförmigen Komplex Arbeiterwohnungen geschaffen und ein Postamt untergebracht, in dem sich seit der Schließung 2001 das Museum der Amsterdamer Schule befindet. Somit bekommen Besucher die einmalige Gelegenheit, diesen Architekturstil auch im Innenbereich zu bewundern. Ein schönes Beispiel ist auch die Museumswohnung mit dem vom Architekten selbst entworfenen Kaminsims, die noch so eingerichtet ist wie in den 1920er-Jahren.
spaarndammerplantsoen 140, www.hetschip.nl, telefon: 020 6868595, geöffnet: di-so 11.00-17.00, eintritt: 7,50 €, straßenbahn: 3 haarlemmerplein

Essen & Trinken

① Gemütliche Sitzecken, tolle Industrielampen und eine große Bank: Starten Sie in der **Bar Spek** mit einer Latte, einem Tee oder besonderen Smoothies wie Green Monster oder Bloody Mary in den Tag. Die Speisen reichen von Austern, leckeren Pizzen und anderen italienischen Köstlichkeiten wie *melanzane alla parmigiana* bis zu einer riesigen Auswahl an traumhaften Nachspeisen.
admiraal de ruijterweg 1, www.barspek.nl, telefon: 020 6188102, geöffnet: mo-do 8.00-1.00, fr-sa 9.00-2.00, so 9.00-1.00, preis: pizza 12,50 €, straßenbahn: 12, 13, 14 willem de zwijgerlaan

⑤ In der Küche von **Fa. Speijkervet** wird gekocht wie anno dazumal. Schon frühmorgens duftet es aus den Töpfen, frisches biologisches Gemüse der Saison wird verarbeitet, die Anrichte ist vollgestapelt. Weggeworfen wird hier so gut wie nichts, sogar die Innereien werden verwendet. Heutzutage gewiss nicht jedermanns Sache, aber wer mag, sollte den *kidney pie* und die Würstchen unbedingt probieren.
admiraal de ruijterweg 79, www.speijkervet.nl, telefon: 020 2236004, geöffnet: di-fr 14.00-0.00, sa-so 11.00-0.00, preis: 19,50 €, straßenbahn: 7 jan evertsenstraat

⑥ Das Restaurant **Radijs**, ein Lokal mit industriell angehauchtem Interieur und einer großen Terrasse am Wasser, ist stolz auf seine Lage im aufstrebenden Stadtteil West. Die Speisekarte ist daher mit belegten Brötchen bestückt, deren Namen auf die Umgebung verweisen: Oude Baarsjes zum Beispiel ist ein Brötchen mit Cornichons und Senf. Mehr Amsterdam geht nicht!
jan evertsenstraat 41, www.radijs-amsterdam.nl, telefon: 020 7513232, geöffnet: mo-fr 8.30-2.00, sa 10.00-2.00, so 10.00-1.00, preis: 16,50 €, straßenbahn: 7, 13 marco polostraat

⑦ Wer **Deli-caat** betritt, stellt sich bald die Frage: Was ist Deli-caat? Feinkostladen? Lunchroom? Café? Die Inhaber meinen "von allem ein bisschen" und beziehen ihre Kunden gerne mit ein, wenn es um die Zusammenstellung ihres Sortiments geht. Wichtig nur: Es muss gut schmecken. Und das tut es.
admiralengracht 223, www.deli-caat.nl, telefon: 06 24750945, geöffnet: mo 12.00-19.00, di-fr 9.00-19.00, sa 9.00-17.00, straßenbahn: 7, 13 marco polostraat

(8) Mit so einem Namen und bei der Lage und Beliebtheit ist es keineswegs vermessen, die **Bar Baarsch** als das Zentrum des Viertels De Baarsjes zu bezeichnen. Ob Geschäftsessen, After-Work-Party, spontanes Dinner, wilde Feier oder leckeres Frühstück – hier geht alles. Ein Café moderner Prägung mit gutem Essen, einer großen Bierauswahl, 30 Whiskysorten und Ingwertee.
jan evertsenstraat 91, www.barbaarsch.nl, telefon: 020 6181970, geöffnet: so-do 11.00-1.00, fr-sa 11.00-3.00, preis: 16,50 €, straßenbahn: 7, 13 marco polostraat

(11) **White Label Coffee** möchte einen Hauch von Brooklyn nach Amsterdam bringen. Die Kaffeebohnen werden vor Ort geröstet, sodass der Kaffee wirklich frisch ist. Und am liebsten pur im Fokus steht – also keine Aromazugaben, und auch Milch oder Kuchen als Begleiter sind hier nicht gern gesehen. Den Kaffee und alles, was man für die Zubereitung braucht, kann man hier ebenfalls erstehen.
jan evertsenstraat 136, www.whitelabelcoffee.nl, telefon: 020 7371359, geöffnet: mo-fr 8.00-18.00, sa-so 9.00-18.00, straßenbahn: 4, 17 mercatorplein

(16) Das nette Parkcafé **Terrasmus** ist ein toller Ort für eine Verschnaufpause – vor allem bei schönem Wetter auf der Terrasse oder im Gras. Außer Säften und Smoothies werden Wraps und Suppen, *tosti* (Käse-Schinken-Toasts) und Eis angeboten. Im Sommer finden bis in den September hinein im Café und ringsherum diverse kulturelle Veranstaltungen statt.
erasmuspark, www.terrasmus.nl, telefon: 06 34207500, geöffnet: märz-okt. di-so 10.00-18.00 (bei schönem wetter auch länger), preis: tosti 3,75 €, straßenbahn: 7 jan van galenstraat (hoofdweg)

(17) Befreundete Nachbarn wollten einem dunklen Eckhaus neues Leben einhauchen – und so entstand **Eetwinkel Buurman & Buurman** (Nachbar & Nachbar). Zusammen mit anderen Freunden verwandelten sie das Haus in einen beliebten Treffpunkt für die Anwohner der Gegend – mit einem Holzofen in der Mitte, in dem köstliche Pizzen backen. Die Zutaten kommen überwiegend von Amsterdamer Lieferanten. Man kann hier auch diverse Produkte wie Amsterdamer Limoncello, Himalaja-Salz oder türkisches Olivenöl kaufen.
mercatorstraat 171, www.eetwinkelbuurmanenbuurman.nl, telefon: 020 2628262, geöffnet: täglich 17.00-21.00, preis: 9 €, straßenbahn: 7 jan van galenstraat (hoofdweg)

⑱ "Fossa" kommt aus dem Lateinischen und bedeutet Kanal oder Graben. Das Grand Café **Fossa** liegt tatsächlich auf der Erasmusgracht und ist bei Einheimischen eine beliebte Anlaufstelle für einen abendlichen Drink mit Tapas oder Mezze. Kein Wunder bei der tollen Atmosphäre. Aber auch tagsüber ist das Lokal, nicht zuletzt wegen des High Tea mit mediterranen Häppchen, sehr empfehlenswert.

bos en lommerplantsoen 10, www.grandcafefossa.nl, telefon: 020 6264892, geöffnet: so-do 11.00-1.00, fr-sa 11.00-3.00, preis: häppchen ab 5,50 €, straßenbahn: 7 erasmusgracht

㉒ **Betawi** ist ein indonesisches Lokal mit schlichter, aber ansprechender Einrichtung – mit Bambus und Holzpuppen als typischen Elementen. Betawi eröffnete in Bos en Lommer bereits vor 30 Jahren, als die Gegend noch nicht die heutige Attraktivität besaß. Probieren Sie das köstliche Nasi Rames oder eines der vegetarischen Gerichte, zum Beispiel mit Auberginen.
admiraal de ruijterweg 337, www.betawi.nl, telefon: 020 6821885, geöffnet: di-so 16.00-22.00, preis: essen ab 10 €, straßenbahn: 12, 14 bos en lommerweg

㉗ Eigenwillig ist vielleicht die beste Beschreibung für das Rock-'n'-Roll-Bistro **Pacific Parc**. Die Einrichtung ist alternativ, an den Wänden stehen Bänke, von denen aus man das Treiben im Lokal wunderbar beobachten kann. Im Winter sorgt ein Feuer für Behaglichkeit, im Sommer hat die Terrasse geöffnet.
polonceaukade 23, www.pacificparc.nl, telefon: 020 4887778, geöffnet: mo-mi 11.00-1.00, fr-sa 11.00-3.00, so 11.00-23.00, preis: 15 €, straßenbahn: 10 van limburg stirumplein

㉜ "Wer Freud verschmäht, ist nicht ganz bei Trost." So die Worte des Alt-OB von Amsterdam, Job Cohen, bei der Eröffnung des **Restaurants Freud**. Es würde einem nicht nur die raffinierte mediterrane Küche entgehen, sondern auch die außergewöhnlichen Mitarbeiter. Denn alle litten an einer psychischen Störung oder Suchterkrankung und bekommen hier eine zweite Chance. Was sie servieren, stammt ausnahmslos aus der eigenen Küche. Verarbeitet wird fast nur Fleisch aus artgerechter Tierhaltung, Fisch aus nachhaltiger Fischerei und Bio-Gemüse. Sozialer kann man nicht essen!
spaarndammerstraat 424, www.restaurantfreud.nl, telefon: 020 6885548, geöffnet: di-so 11.00-23.00, preis: zwei-gänge-menü 24,50 €, straßenbahn: 3 haarlemmerstraat

㉝ Erst die schlechte Nachricht: Nach 17 Uhr kann man das Essen nur noch mitnehmen. Und die gute: Der Westerpark ist nahe – was spricht also gegen ein Picknick? Alles im Ladenlokal **DopHert** ist vegan und köstlich: Latte mit Mandelmilch, *tosti* mit veganem Käse, Bohnensuppe, Club-Sandwiches und Hackbraten aus Linsen. Kurz: Bei DopHert lernen Sie eine neue Dimension veganen Essens kennen.
spaarndammerstraat 49, www.dophertcatering.nl, telefon: 020 7520581, geöffnet: mi-sa 10.00-20.00, so 11.00-20.00, preis: sandwich 6,50 €, straßenbahn: 3 haarlemmerplein

Shoppen

② Inhaberin Aya hat etwas Berlin nach Amsterdam gebracht. Die Dinge, die sie verkauft, sind zum Teil so günstig, dass man es gar nicht glauben kann. In **Klein Berlijn** gibt es handgefertigten Schmuck, schöne Retrosachen, Kunstobjekte und alles, was man auf den Sonntagsmärkten Berlins so findet. Außerdem bekommen Sie feine Tees und Süßigkeiten in einer Papiertüte.
admiraal de ruijterweg 9, www.kleinberlijn.com, telefon: 06 28688046, geöffnet: di-sa 11.00-18.00, straßenbahn: 12, 13, 14 willem de zwijgerlaan

③ Die sympathischen Betreiber von **The Wine Spot** belegen, dass Önologen keineswegs langweilig sind und Weinkaufen kein angestaubtes Hobby, sondern eine aufregende Tätigkeit ist. Ihre Auswahl stammt aus sieben europäischen Ländern, darunter auch Rumänien. Wer einen bestimmten Wein zu einem Gericht sucht, wird gerne beraten. Und ganz besondere Biere gibt es ebenfalls.
admiraal de ruijterweg 43, www.thewinespot.nl, telefon: 020 7372212, geöffnet: mo-fr 11.00-19.00, sa 10.00-19.00, so 14.00-18.00, straßenbahn: 12, 13, 14 willem de zwijgerlaan, 7 jan evertsenstraat

④ Die Betreiber von **STACH food** möchten das Einkaufen wieder persönlicher und netter machen. Dieser Laden ist einer von vieren in Amsterdam. Angefangen hat es mit frisch zubereiteten Mahlzeiten, heute verkauft man hier auch Brot, Wein, Bier und selbst gerösteten Kaffee. Alle Zutaten stammen von Erzeugern, die das Personal persönlich kennt, sodass es genau erklären kann, warum dies oder jenes so lecker ist.
admiraal de ruijterweg 77, www.stach-food.nl, telefon: 020 5552627 und 7372627, geöffnet: mo-so 9.00-22.00u, straßenbahn: 7 jan evertsenstraat

⑨ Wer findet, dass Kinder bunte und bequeme Kleidung mit witzigen Aufdrucken tragen sollten, in der sie ungehindert spielen und herumtoben dürfen, findet bei **Knotsknetter** Gleichgesinnte. Hier bekommen Sie vor allem hippe skandinavische Baby- und Kindermode von Labels wie Duns Sweden, Retro-Rock-and-Robots und Liandlo – alles aus fairem Handel und überwiegend in Bio-Qualität. Zudem gibt es schöne Geschenke und Dinge für zu Hause.
jan evertsenstraat 100, www.knotsknetter.nl, telefon: 06 48673281, geöffnet: mo 13.00-18.00, di-fr 10.00-18.00, sa 10.00-17.00, straßenbahn: 7, 13 marco polostraat

THINGS I LIKE THINGS I LOVE ⑩

⑩ Sanne und Petra sammeln leidenschaftlich gern, sind aber auch wählerisch. Die Früchte dieser Leidenschaft präsentieren sie in ihrem Laden **Things I like things I love**. Sorgfältig ausgesuchte Kleidungsstücke, teils retro, teils modern und alles von kreativen Köpfen wie zum Beispiel Nachbarin Willie, die Strickwaren beisteuert. Darüber hinaus haben die Damen auch ein Faible für Innenausstattung. Ein schönes Beispiel ihres Wirkens findet man im Hotel Dwars (siehe Hotels, Nr. F).

jan evertsenstraat 106, www.thingsilikethingsilove.com, telefon: 020 7894344, geöffnet: mo-di 13.00-17.30, mi-sa 11.00-17.30, so 13.00-17.00, straßenbahn: 7, 13 mercatorplein

(20) 2010 eine Buchhandlung im Viertel Bos en Lommer zu eröffnen, war durchaus ein gewagtes Unternehmen. Inzwischen hat sich der Laden zu einem beliebten Treffpunkt für Bücherfreunde gemausert. Neben Büchern bietet **De Nieuwe Boekhandel** Workshops, Lesungen und allerlei andere Veranstaltungen an – wie es einer guten Buchhandlung eben geziemt (siehe auch die Wall of Fame!).

bos en lommerweg 227, www.libris.nl/denieuweboekhandel, telefon: 020 4867722, geöffnet: mo 13.00-18.00, di-fr 10.00-18.00, sa 10.00-17.00, straßenbahn: 14 egidiusstraat

(23) Mögen Sie Perlzwiebeln, Cornichons und Senf? Dann sollten Sie im Supermarkt von **Kesbeke Zoet & Zuur** vorbeischauen, der letzten Konservenfabrik Amsterdams. Schon seit 70 Jahren macht das Unternehmen Gemüse ein. Außer eingelegten Produkten bekommen Sie auch Öle und Essige sowie Zubehör, um selbst Gemüse und Obst einzulegen. Sehr gut möglich, dass Sie den Laden nicht ohne Estragonöl, Steinpilze oder Einweckgläser verlassen.

adolf van nassaustraat 3, www.zoetenzuur.nl, telefon: 020 3032650, geöffnet: mi-fr 11.00-17.00, sa 10.00-17.00, straßenbahn: 12, 14 bos en lommerweg

(29) Schon mal überlegt, dass wir bei der Auswahl von Speisesalz eigentlich wenig anspruchsvoll sind? **Salsamentum** führt einem das eindrucksvoll vor Augen. Denn hier werden Salze verkauft, von denen man noch nie gehört hat: Salz aus Hawaii und dem Iran, Räuchersalz, Wüstensalz, Salz mit Vanillegeschmack … alles Kochsalze. Der Inhaber möchte seine Kunden dazu anregen, die Supermarktsalze lieber links liegen zu lassen.

spaarndammerstraat 34, www.salsamentum.nl, telefon: 020 6812440, geöffnet: di-fr 11.00-18.00, sa 9.00-17.00, straßenbahn: 3 haarlemmerplein

(30) Bei **Kweek stadstuinwinkel** finden Menschen mit einem grünen Daumen, aber wenig Platz alles für ihr Hobby: biologische Gartenkräuter und Gemüse, die in Töpfen und in vertikalen Gärten gedeihen, Werkzeug, Hängeampeln und Minigärten in Kisten. Außerdem im Sortiment: Erde, Dünger und Pflanzenschutzmittel – alles biologisch.

spaarndammerstraat 54, www.kweekamsterdam.nl, telefon: 020 3705181, geöffnet: di-fr 10.00-18.00, sa 10.00-17.00, straßenbahn: 3 haarlemmerplein

Amsterdam live

(15) Der **Erasmuspark** ist kein gewöhnlicher Park, denn er befindet sich an einer Stelle, an der vor 100 Jahren noch Polderland war, inklusive Wiesen und Entwässerungsgräben. Wie in einem Gemälde von Mondrian strebte man bei der Gestaltung nach einer Harmonie zwischen Flächen, Farben und Linien – bezogen auf den Park zwischen Wegen, Bäumen und Grasflächen. Inmitten des Parks befindet sich ein Rosengarten, an der Südseite stehen einige Skulpturen.
erasmuspark, straßenbahn: 7 jan van galenstraat (hoofdweg)

(21) **Podium Mozaïek** befindet sich in der ehemaligen Pniëlkerk und hat sich in den letzten Jahren zum (multi-)kulturellen Zentrum des Viertels Bos en Lommer entwickelt. Weltmusik, Theater, Kleinkunst und Tanz stehen auf dem Programm. Außerdem beherbergt es Büros, ein Studio, Ateliers und einen Ausstellungsraum. Das Theatercafé mit seiner Multikulti-Speisekarte serviert *tosti* auf marokkanischem oder türkischem Brot und *menemen* (türkisches Omelett).
bos en lommerweg 191, www.podiummozaiek.nl, telefon: 020 5800380, geöffnet: theatercafé so-do 9.30-0.00, fr-sa 9.30-1.00 (programm: siehe website), preis: sandwich 5,75 €, straßenbahn: 12, 14 bos en lommerweg

(25) Der **Westerpark** (so heißt übrigens auch das benachbarte Wohnviertel) ist vor allem bekannt geworden durch das Westergas-Gelände. Aber auch der Park selbst ist unbedingt einen Besuch wert. Die weite Grünanlage umfasst einige Gewässer, Hügel, Grasflächen und sogar einen Kleintierzoo. Angelegt wurde der Park ab 1890 an der Stelle, an der sich bis 1878 der Bahnhof Willemspoort befand. Von hier fuhren 35 Jahre lang die Züge nach Haarlem ab – es war die erste Eisenbahnverbindung der Niederlande.
westerpark, straßenbahn: 10 van limburg stirumstraat

(28) **Het Ketelhuis**, ein reizvolles Industriegebäude, nennt sich selbst "Kantine des niederländischen Films und Fernsehens". Eine Kantine, in der regelmäßig gute Streifen auch aus anderen europäischen Ländern zu sehen sind. Nettes Detail: Anders als im Mainstream-Kino gibt es weder Popcorn noch Süßigkeiten, sondern in Form eines wechselnden Tagesgerichts eine vollwertige Mahlzeit.
pazzanistraat 4, www.ketelhuis.nl, telefon: 020 6840090, geöffnet: wechselnd, je nach programm (siehe website), film: 9,50 €, straßenbahn: 10 van limburg stirumstraat

PODIUM MOZAÏEK ㉑

㉛ Öffentliche Badehäuser gibt es in Amsterdam kaum noch, das **Hammam** jedoch hat die Zeit überdauert. 1916 erbaut für die Arbeiter des Viertels Spaarndammerbuurt, die zu Hause keine Dusche hatten, bietet das heutige Bad diverse Becken, ein türkisches Dampfbad, Solarien und Massagen. *zaanstraat 88, www.hammamamsterdam.nl, telefon: 020 6814818, geöffnet: siehe website, eintritt: 17 €, straßenbahn: 3 haarlemmerplein*

㉟ Direkt hinter Containerwohnungen, mit Blick auf den Stadtteil Noord, würde man ihn gewiss nicht suchen, Amsterdams **Strand West**. Baden ist zwar nicht erlaubt, aber das trübt die Stimmung kaum. Im gleichnamigen Lokal kann man ausgiebig essen oder einen kleinen Snack genießen. *stavangerweg 900, www.strand-west.nl, telefon: 020 6826310, geöffnet: im sommer täglich ab 11.00 (siehe website), straßenbahn: 3 haarlemmerplein*

West & Westerpark

S P A Z I E R G A N G   4   (ca. 8 km)

Startpunkt ist der Admiraal de Ruijterweg (1) (2) (3) (4) (5). Dieser mündet in die Jan Evertsenstraat, das pulsierende Herz des Stadtteils West (6) (7) (8) (9) (10) (11). Den Mercatorplein (12) mit seiner tollen Architektur bewundern, durch das Tor hindurch in die Mercatorstraat gehen und dann rechts in die Jan Maijenstraat mit der Jeruzalemkerk (13). Rechts über die James Cookstraat, dann links in die grüne Vespuccistraat (14), um zum schönen Erasmuspark (15) zu gelangen. Hier die erste Straße links nehmen (16), über die Brücke und der Mercatorstraat (17) folgen. Noch ein Stück am Wasser entlang Richtung Hoofdweg spazieren, rechts die Brücke überqueren, um zum Fossa (18) zu gelangen. Oder gleich rechts gehen und jenseits des Wassers weiterspazieren. Links der Griseldestraat bis zum Ende folgen und dann wieder links abbiegen. Über die Straße rechts und über die Treppe erreichen Sie den Bos en Lommerweg. Diesen überqueren, den Park het Gulden Winckelplantsoen durchqueren, um zum Bosleeuw Midden (19) zu gelangen. Über den Leeuwendalersweg weiter, über eine der Querstraßen rechts zurück zum Bos en Lommerweg und diesem folgen (20) (21) (22). Weitergehen und nach einer Weile rechts in die Willem de Zwijgerlaan einbiegen. Dann gleich links in die Adolf van Nassaustraat, um Eingelegtes zu kaufen (23). Geradeaus Richtung Nieuwpoortstraat gehen und dort rechts und am Nieuwpoortkade wieder links. An der Mühle (24) vorbei rechts in den Haarlemmerweg abbiegen und dieser Straße folgen, bis links eine Brücke kommt. Das Wasser überqueren und in den Westerpark (25) einbiegen. Danach rechts zum Westergas-Gelände (26) (27) (28). Links Richtung Eisenbahngleise und dort rechts an den Gleisen entlang bis zum zweiten Tunnel. Diesen durchqueren, um in die Spaarndammerstraat zu gelangen (29) (30). Dann links einen Abstecher zum Hammam (31) machen oder geradeaus gehen, um etwas zu essen (32) (33). Danach links in die Knollendamstraat und rechts herum den Spaarndammerplantsoen umrunden, um ein Bauwerk der Amsterdamer Schule zu bewundern (34). Nach dem Museum links in die Oostzaanstraat und rechts in die Hembrugstraat. Den Spaarndammerdijk überqueren und über den Stavangerweg Richtung Strand West (35) gehen, um den Spaziergang abzuschließen.

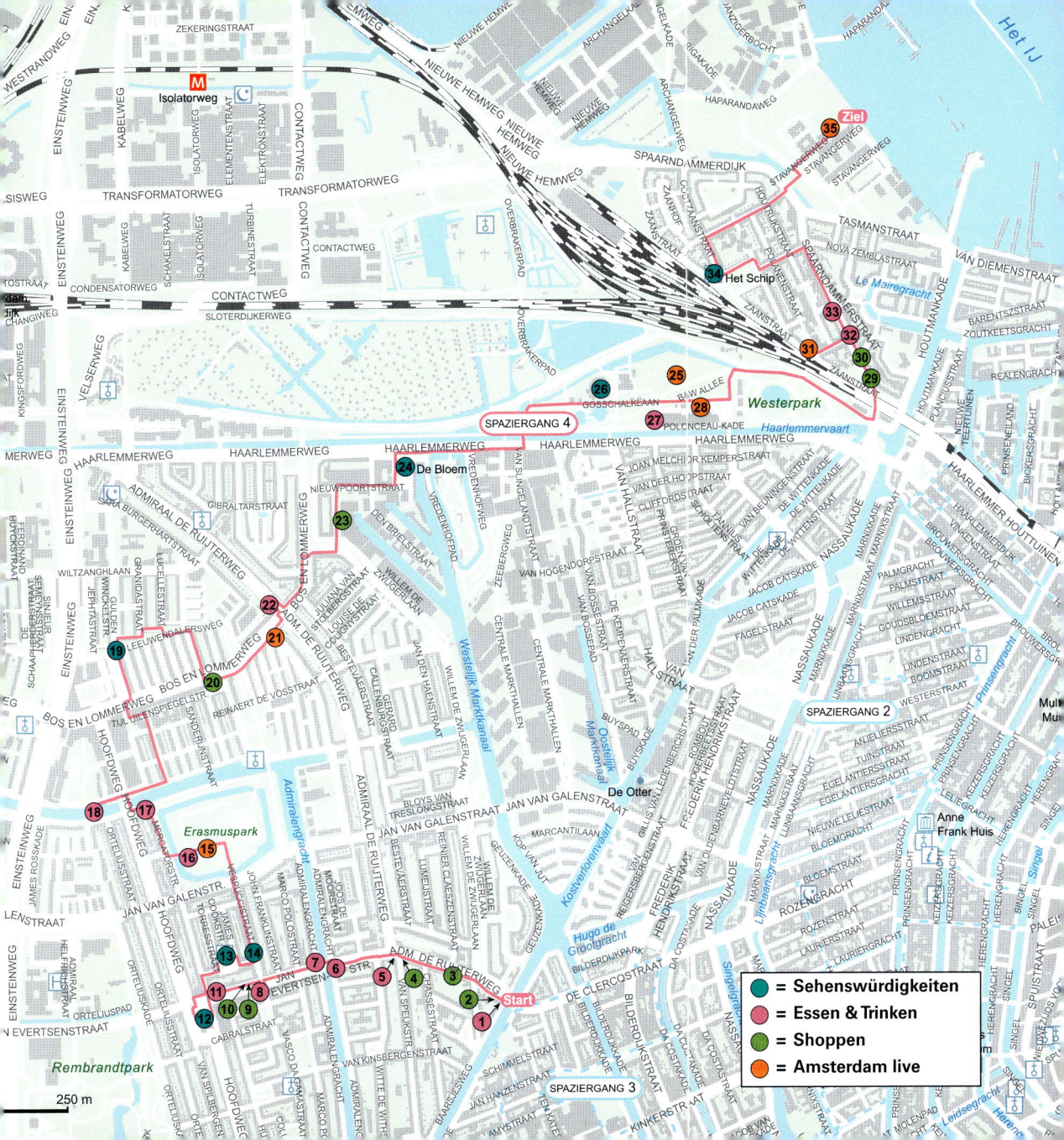

Legende

- 🔵 = Sehenswürdigkeiten
- 🔴 = Essen & Trinken
- 🟢 = Shoppen
- 🟠 = Amsterdam live

250 m

4

Oost & de Pijp

Bunter Schmelztiegel und Hauptquartier der Yuppies

Oost ist wahrscheinlich der vielfältigste Stadtteil Amsterdams. Im indischen Viertel, in dem die Straßennamen und das Tropenmuseum an die koloniale Vergangenheit des Landes erinnern, scheinen Exotik und modernes Leben bestens zu harmonieren. Schönes Beispiel ist die Javastraat, in der zwischen den multikulturellen Läden auch immer mehr hippe Cafés, Boutiquen und moderne Restaurants ihre Türen öffnen. Mitgetragen wird diese Entwicklung von den Anwohnern, die alles dafür tun, dass der Schmelztiegel intakt bleibt. Wer will es ihnen verdenken? Denn es ist toll, erst preisgünstig Gemüse einzukaufen und gleich nebenan einen köstlichen Kaffee zu trinken.

Dann gibt es noch das Traditionsviertel Dapperbuurt mit seinem berühmten Dappermarkt und der Linnaeusstraat, in der sich zahlreiche nette Cafés befinden. Das bekannteste ist wohl der Biertuin, Amsterdams einziger echter Biergarten. Im Nordwesten grenzt das Viertel an die Gartenstadt Plantagebuurt, die neben Artis, dem Amsterdamer Zoo, auch das einstige jüdische

5

Viertel beherbergt. Die jüdische Kultur lebt hier nach wie vor, nicht zuletzt dank der Synagoge und des Joods Historisch Museum.

Und mittendrin liegt der Oosterpark, die Grünanlage, in der sich die unterschiedlichsten Kulturen treffen und Denkmäler an die bewegte Geschichte erinnern – von der Sklaverei bis zur Ermordung von Theo van Gogh im Jahr 2004 in unmittelbarer Nähe des Parks.

In diesem Spaziergang wird Oost mit dem Stadtteil De Pijp kombiniert, das für viele das Zentrum der einheimischen Yuppies ist, für andere auch das Amsterdamer Quartier Latin. Wie dem auch sei, viel geboten ist hier immer, es locken der Albert Cuypmarkt, einladende Geschäfte, Cafés und Kneipen in Hülle und Fülle. Der Sarphatipark gehört zu den schönsten Grünanlagen der Stadt. Dass die hippe Gegend einst ein echtes Arbeiterviertel war, erkennt man zum Beispiel am Denkmal des Volkssängers André Hazes, der in De Pijp geboren wurde und aufwuchs.

6 Insider-Tipps

Hutspot

In einem Concept-Store seltene Stücke kaufen.

Tropenmuseum

Alles über exotische Kulturen erfahren.

Wilde Zwijnen

Frühzeitig reservieren und dann in vollen Zügen genießen.

Artis

In erholsamer Ruhe wilde Tiere beobachten.

De Ruyschkamer

Pizza essen und Bingo spielen in gemütlichem Ambiente.

Berlageblokken

Die Wohnbauten des bekannten Architekten Berlage bewundern.

● Sehenswürdigkeiten
● Shoppen
● Essen & Trinken
● Amsterdam live

Sehenswürdigkeiten

③ Wer als Werk des Architekten H. P. Berlage nur die berühmte Börse kennt, sollte unbedingt die **Berlageblokken** besuchen. Für diese Wohnblöcke für Arbeiter (erbaut von 1911 bis 1915), die heute als nationales Denkmalensemble geschützt sind, ließ er sich vom sozialen Wohnungsbau in England inspirieren. Grünanlagen und begrünte Innenhöfe spielten dabei eine große Rolle. In den späten 1960er-Jahren wurde der gesamte Komplex rundum erneuert.
balistraat, benkoelenstraat, javaplein, javastraat und langkatstraat, nicht öffentlich zugänglich, straßenbahn: 14 javaplein

⑭ Dieses prachtvolle Gebäude beherbergt eine umfangreiche Sammlung von afrikanischen und südamerikanischen Gegenständen wie etwa einer Tür aus Marrakesch, einem Altar aus Mexiko oder Musikinstrumenten aus Afrika. Darüber hinaus werden Dokumentarfilme gezeigt, finden Ausstellungen statt und es gibt nachgebaute Läden, die einen Einblick in die fremden Kulturen geben. Das **Tropenmuseum** ist aus dem 1864 eröffneten Koloniaal Museum in Haarlem hervorgegangen. Kein Wunder, dass auch heute noch die Kolonialgeschichte der Niederlande einen bedeutenden Platz einnimmt.
linnaeusstraat 2, www.tropenmuseum.nl, telefon: 020 5688200, geöffnet: di-so 10.00-17.00, eintritt: 12,50 €, straßenbahn: 9 linnaeusstraat, 10, 14 alexanderplein

⑰ Die Esnoga (auch Snoge oder **portugiesische Synagoge** genannt) befindet sich im Herzen des einstigen jüdischen Viertels und war im 17. Jahrhundert weltweit die größte ihrer Art. Der Bezug zu Portugal rührt daher, dass die ersten (sefardischen) Juden, die sich im 16. Jahrhundert in Amsterdam niederließen, aus Portugal stammten. Die Esnoga wird nach wie vor als Synagoge genutzt, auch das Interieur ist noch ursprünglich. Das Joods Historisch Museum (Jüdische Museum) befindet sich in der Großen Synagoge, die zu einem Synagogenkomplex gehörte.
mr. visserplein 3, www.portugesesynagoge.nl, telefon: 020 5310380, geöffnet: apr.-okt. so-do 10.00-17.00, fr 10.00-16.00, nov.-märz so-do 10.00-16.00, fr 10.00-14.00, eintritt: 12 €, u-bahn: 51, 53, 54 waterlooplein, straßenbahn: 9, 14 mr. visserplein

(18) Im **Joods Historisch Museum** (Jüdisches Historisches Museum) erfahren Sie alles über die jüdische Kultur, Religion und Geschichte. Zu sehen gibt es eine große Sammlung von Kriegsdokumenten sowie persönliche Erinnerungsstücke verstorbener jüdischer Bürger wie Briefe, Tagebücher, Fotos und Filme.
nieuwe amstelstraat 1, www.jhm.nl, telefon: 020 5310380, geöffnet: täglich 11.00-17.00, eintritt: 12 €, u-bahn: 51, 53, 54 waterlooplein, straßenbahn: 4, 9 mr. visserplein

(23) Für das **Huis met de kabouters** muss man sich etwas Zeit lassen, um alles zu entdecken. Entworfen wurde das Gebäude im späten 19. Jahrhundert, und das mit viel Fantasie. Der Schweizer Stil ist unverkennbar und viele Ornamente bestehen aus Holz. Markant sind die verschiedenen Figuren, vor allem die Ball spielenden Klabautermänner am Dachrand, denen der Bau seinen Namen verdankt.
ceintuurbaan 251-255, nicht öffentlich zugänglich, straßenbahn: 3 amsteldijk

(29) Der berühmteste Einwohner des Viertels De Pijp kam an der Gerard Doustraat 67, in der Nähe des Denkmals, zur Welt: **André Hazes**, der größte Volkssänger der Niederlande, verbrachte seine Jugend am Albert Cuypmarkt und wurde als Achtjähriger am 5. Mai 1959 von einem anderen bekannten Amsterdamer, John Kraaykamp sr., entdeckt. Die Einweihung des Denkmals zu Ehren des Sängers, bei der zehn Feuerwerksraketen seine Asche in die Luft trugen, fand am 23. September 2005 statt, ein Jahr nach seinem Tod. Immer noch stellen Fans eine Flasche Bier auf den Sockel oder legen Blumen ab.
albert cuypstraat, straßenbahn: 3, 4 ceintuurbaan oder van woustraat

(36) Von 1921 bis 1971 war das denkmalgeschützte **Ceintuurtheater** das Kino des Viertels De Pijp. Es wurde oft "'t Stinkertje" genannt, da es als Anlaufstelle für die Arbeiterschaft keinen besonders guten Ruf genoss. Untergebracht war es in einem Art-déco-Haus, wie man heute noch an der Fassade erkennen kann. Für den Bau wurde eine in den 1920er-Jahren moderne Neuheit verwendet: Stahlbeton. Der Vorteil: Der Balkon im Kinosaal musste nicht von Säulen unterstützt werden, die den Kinobesuchern die Sicht versperrten.
ceintuurbaan 282-284, straßenbahn: 3, 12 ceintuurbaan oder f. bolstraat

Essen & Trinken

① Warum den Tag nicht mit einer Australien-Reise beginnen? Bei **Drover's Dog** fühlt man sich wie ein Aussie. Und frühstücken, das können Australier sowieso wie die Weltmeister – zumindest vermittelt das die Speisekarte. Ob süß, herzhaft, pikant oder kross gebraten – hier gibt es den ganzen Tag lang alles. Känguru bekommen Sie natürlich auch.

eerste atjehstraat 62, www.drovers-dog.com, telefon: 020 3703784, geöffnet: mo-di 8.00-18.00, mi-fr 8.00-22.00, sa 9.00-22.00, so 9.00-21.00, preis: brunchgericht 10 €, hauptgericht 18 €, straßenbahn: 7 muiderpoortstation

④ Das **Badhuis Javaplein**, das 1942 als eines der letzten Badehäuser der Stadt erbaut wurde, beherbergt heute – nach einer Nutzung als Hindu-Tempel und Secondhandladen – ein gemütliches und beliebtes Café-Restaurant. Wie in den Anfängen ist der Ort wieder ein Treffpunkt für die Anwohner. Die Duschen verschwanden, der Kamin und die besonderen Bierchen kamen.

javaplein 21, www.badhuis-javaplein.nl, telefon: 020 6651226, geöffnet: mo-do 10.00-1.00, fr-so 10.00-3.00, preis: 15 €, straßenbahn: 14 javaplein

⑤ Ein eigenwilliges Restaurant mit gehobener niederländischer Küche und stimmungsvollem Interieur – das ist **Wilde Zwijnen** (Wildscheine). Für die Gerichte der Saison werden vor allem Zutaten aus der Region verwendet. Im Herbst gibt es zum Beispiel frittierte Mergelgruben-Champignons in einem Mantel aus Höhlenbierteig, Rehwürstchen oder Hirscheintopf. Aber auch Fischliebhaber und Vegetarier kommen auf ihre Kosten.

javaplein 23, www.wildezwijnen.com, telefon: 020 4633043, geöffnet: mo-do 18.00-22.15, fr-so 12.00-16.00 & 18.00-22.15, preis: 20 €, drei-gänge-menü 30,50 €, straßenbahn: 14 javaplein

⑫ Wer sie aus Surinam kennt, weiß: Bei **Roopram Roti** gibt es wirklich ausgezeichnete *roti*, würzig gefüllte Pfannkuchen. In Amsterdam ist der Laden ein echter Erfolg. Die Einrichtung ist zwar nicht sehr ansprechend, dafür sind es die *roti* und die anderen Gerichte umso mehr. Da der Oosterpark gleich um die Ecke liegt, können Sie bei schönem Wetter mit den Leckereien von Roopram Roti ein surinamisches Picknick machen.

eerste van swindenstraat 4, www.roopramroti.nl, telefon: 020 6932902, geöffnet: di-sa 12.00-21.00, so 15.00-21.00, preis: ab 5 €, straßenbahn: 9 linnaeusstraat

WILDE ZWIJNEN ⑤

⑬ Für Liebhaber niederländischer und belgischer Biere ist **De Biertuin** ein Muss. An die 40 Sorten stehen auf der Karte, darunter solche der benachbarten Brouwerij 't IJ, Weißbiere und Spezialbiere wie Lamme Goedzak. Dazu gibt es sechs passende Gerichte wie zum Beispiel *kip van 't spit* (Brathuhn). *linnaeusstraat 29, www.debiertuin.nl, telefon: 020 6650956, geöffnet: so-do 11.00-1.00, fr-sa 11.00-3.00, preis: bier ab 2,20 €, straßenbahn: 9 linnaeusstraat*

⑳ Die **Bar Bukowski** ist allein schon wegen der Roaring-Twenties-Einrichtung und des köstlichen Frühstücks einen Besuch wert. Dass sie sich zum Hotspot in Oost entwickelt hat, liegt aber auch an dem Intellektuellenambiente, den Flammkuchen, der hauseigenen Cocktailbar Henry's, dem Eiskaffee. *oosterpark 10, www.barbukowski.nl, telefon: 020 3701685, geöffnet: mo-fr ab 8.00, sa-so ab 9.00, preis: brötchen 6 €, straßenbahn: 3, 7 beukenplein*

(21) Die Inhaber von **Coffee Bru** haben sich an den Kaffeebars Südafrikas orientiert – und das schmeckt man nicht nur, man riecht und sieht es auch. Die Einrichtung wirkt exotisch, der verführerische Duft von Kaffee hängt in der Luft und am Tresen stehen hausgemachtes Bananenbrot, Torten und Kuchen wie *key lime pie, devil's food cake* oder *cherry cheese cake*. Zum Mittagessen gibt es banana pancakes oder andere Köstlichkeiten, alles biologisch versteht sich. Teeliebhaber können an einer Tasse China-Tee der Marke Chief Monkey nippen, die einer der Inhaber von Coffee Bru lanciert hat.
beukenplein 14, www.coffeebru.nl, telefon: 020 7519956, geöffnet: mo-fr 8.00-18.00, sa-so 9.00-18.00, preis: kaffee ab 2,30 €, straßenbahn: 3, 7 beukenweg

(22) **Die Ruyschkamer** ist ein gemütliches Café mit zahlreichen Besonderheiten. Die gesunden Säfte stellt man zum Beispiel selbst an der Saftbar zusammen, die Möbelstücke kann man kaufen – und Bingospielen gehört zum Standardprogramm. Natürlich kann man auch nur eine Tasse Kaffee trinken oder am Lesetisch in einer Zeitung blättern. Zu essen bekommen Sie Pizzen oder Macarons, zum Beispiel mit Zimt und einer Ganache aus Kirschen und zartem Karamell. Einfach himmlisch!
Ruyschstraat 34, www.deruyschkamer.nl, telefon: 020 6703622, geöffnet: mi & so 7.00-23.00, do-sa 7.00-1.00, preis: 1,90 €, straßenbahn: 3 wibautstraat oder ruyschstraat

(25) **Little Collins** ist eine Hommage an Melbourne, den australischen Heimatort der Inhaber, und ein beliebter Treffpunkt der Anwohner. Kein Wunder, dass auf der umfangreichen Speisekarte vor allem Brunch-, Mittags- und Abendgerichte mit Aussie-Touch stehen wie zum Beispiel *cauliflower hashes, baked puddings* oder *florentines*. Brunchen kann man hier übrigens den ganzen Tag. Köstlicher Begleiter zum Brunch ist eine Bloody Mary (die mexikanische oder die Tokio-Variante). Donnerstags und freitags hat das Lokal auch abends geöffnet und bietet neben einer großen Weinauswahl kleine internationale Speisen.
eerste sweelinckstraat 19, www.littlecollins.nl, telefon: 020 6732293, geöffnet: mi 10.30-16.00, do-fr 10.30-22.00, sa-so 9.00-16.00, straßenbahn: 3,4 ceintuurbaan oder van woustraat

(28) Lust auf einen originellen Musik- und Tanzabend? **De Badcuyp** eignet sich perfekt dafür. Außerdem gibt es eine gute Bio-Küche. Dienstags, mittwochs, donnerstags und sonntags können Sie während des Abenddinners Livemusik lauschen. Probieren Sie auch die Cocktails, wenn Sie zum Salsa-Tanzen kommen.

eerste sweelinckstraat 10, www.badcuyp.nl, telefon: 020 6759669, geöffnet: di-fr mittagessen ab 12.00, sa-so mittagessen ab 13.00, mo-so abendessen 17.30-21.30, preis: 11 €, straßenbahn: 4, 25 stadhouderskade, 16, 24 albert cuypstraat

(31) Die Hamburger von **Burgermeester** sind etwas ganz Besonderes. Denn Fleisch, Brot und Salat sind nachhaltig produziert, sogar der Kaffee, der Strom und die Kleidung genügen höchsten Umweltstandards. Das Fleisch stammt von Rindern, die auf einem Hof in der schönen Landschaft der Betuwe leben, Mayonnaise und Ketchup sind hausgemacht. Vegetarier können leckere Falafel- oder Manchegoburger bestellen. Sie können sich nicht entscheiden? Wie wäre es mit dem MiniTrio: drei Miniburger nach Wahl.

albert cuypstraat 48, www.burgermeester.eu, telefon: 0900 2874377, geöffnet: täglich 12.00-23.00, preis: 8,50 €, straßenbahn: 16, 24 albert cuypstraat

(32) Natürlich kann man in dem japanischen Restaurant **Izakaya** köstliche Sushi, Sashimi und Tempura essen, aber die japanische Küche hat noch viel mehr zu bieten. Schauen Sie zu, wie auf dem japanischen Robota-Grill herrliche Gerichte mit dem Fleisch von Wagyu-Rindern oder Huhn zubereitet werden. Den Inhabern dieses schicken Restaurants im Hotel Sir Albert gehören übrigens auch das hippe MOMO und The Butcher. Für die Zusammenstellung der Gerichte haben sie den Chefkoch des Londoner Sternerestaurants Nobu engagiert. Auch bei der Inneneinrichtung wurde nichts dem Zufall überlassen: Als Grundlage hierfür dienten die fünf Elemente Feuer, Erde, Luft, Wasser und Himmel.

albert cuypstraat 2, www.izakaya-amsterdam.com, telefon: 020 3053090, geöffnet: mo-mi 12.00-14.30 & 18.00-23.00, do-fr 12.00-14.30 & 18.00-23.30, sa 12.00-15.00 & 18.00-23.30, so 12.00-16.00 & 18.00-23.30, preis: 20 €, straßenbahn: 16, 24 albert cuypstraat

BURGERMEESTER ㉛

㉟ **SLA** ("Salat") ist das Eldorado für Salatfreunde. Ein vielfältigeres Angebot kann es kaum geben. Ein Teil des Gemüses, das überwiegend bio ist, gedeiht in einem Gewächshaus im gleichen Haus. Auch alle anderen Hauptzutaten wie Fleisch, Fisch, Getreide und Milchprodukte sind ausnahmslos bio. Bei SLA wird schnell klar, dass gesundes Essen wunderbar zu Wein oder Bier passt und dass es kaum Zutaten gibt, die man nicht in einem Salat verwenden kann. Sie werden bestimmt nicht der Erste sein, der sich nicht entscheiden kann. Tipp: SLA veranstaltet auch (Koch-)Workshops.

ceintuurbaan 149, www.ilovesla.com, telefon: 020 7893080, geöffnet: täglich 11.00-21.00, preis: ab 8 €, straßenbahn: 3, 12 ceintuurbaan oder f. bolstraat

9 **DIV. HERENKABINET**

Shoppen

(2) Zu Beginn wirkte der Buchladen in dieser Straße fast deplatziert, aber inzwischen hat sich **Java Bookshop** zu einer Institution entwickelt. In gemütlicher Atmosphäre kann man in einer großen Auswahl an niederländischen und englischen Büchern schmökern – von Klassikern und Bestsellern über Krimis bis hin zu Koch- und Kinderbüchern. Das Personal ist engagiert, fachkundig und lässt einem ausreichend Zeit, etwas auszusuchen.
javastraat 145, www.javabookshop.nl, telefon: 020 4634993, geöffnet: di-fr 10.00-18.00, sa 10.00-17.00, straßenbahn: 14 javaplein

(6) Wer diesen kleinen, hinter dem Badehaus versteckten Laden aufsucht, kommt sich vor wie in einem Wohnzimmer der 1950er- und 1960er-Jahre. Nur gut, dass Sie bei **Jansen Vintage** alles kaufen können, was Sie sehen. Das Sortiment – von Lampen, Glasobjekten, Geschirr bis zu Nachtkästchen und Möbeln bekannter wie unbekannter Marken – wurde sorgfältig ausgewählt.
javaplein 31, www.jansenvintage.nl, telefon: 06 10125018, geöffnet: mi-sa 11.00-18.00, straßenbahn: 14 javaplein

(8) Für die Javastraat ist die Kaffeeboutique **Hartje Oost** eine Bereicherung. Hier wird ausgezeichneter Kaffee ausgeschenkt und nebenbei werden schöne Kleidung, frische Brötchen, Kuchen und handgefertigter Schmuck verkauft. Den Betreiberinnen ist bei allen Produkten wichtig, dass sie den Kriterien biologisch, nachhaltig, fair, lokal und originell entsprechen. Die Zutaten stammen teils aus anderen Läden in der Javastraat – zum Beispiel die Pekingente aus dem Asia-Laden und das Sauerteigbrot von De bakker van Oost.
javastraat 23, www.hartjeoost.nl, telefon: 020 2332137, geöffnet: di-fr 9.00-19.00, sa 9.00-18.30, so 10.00-18.30, straßenbahn: 14 javaplein

(9) In diesem Laden macht auch dem coolsten Mann Einkaufen Spaß: **Div. Herenkabinet** ist übersichtlich und gepflegt und die Markenkleidung ist erlesen. Ob japanische Jeans, Schweizer Taschenmesser, schwedische Rucksäcke oder belgische Sonnenbrillen – der Inhaber kann über jedes Produkt etwas erzählen. Markenfreaks finden hier unter anderem Pointer, Obey oder Carhartt.
javastraat 8, www.divamsterdam.com, telefon: 020 6944084, geöffnet: mo-fr 10.00-18.30, sa 10.00-18.00, so 12.00-18.00, straßenbahn: 14 javaplein

(11) Seitdem Secondhandwaren als vintage oder retro bezeichnet werden und zeitgemäße Geschäftsinhaber streng selektieren, sind die Preise für gebrauchte Kleidung enorm gestiegen. Anders bei **We Are Vintage**: In diesem schönen Laden (achten Sie auf die Decke!) kauft man Kleidungsstücke nach Gewicht. Die Kollektion ist größtenteils nach Art und Farbe der Kleidungsstücke geordnet, Liebhaber von Leder und Landhausstil werden sicher fündig.
eerste van swindenstraat 43, www.wearevintage.nl, telefon: 06 26945325, geöffnet: mo-mi & fr-sa 11.00-19.00, do 11.00-20.00, so 12.00-18.00, straßenbahn: 9 linnaeusstraat

(24) Keinen überteuerten Schnickschnack, sondern nette Dinge zu einem anständigen Preis findet man in **Het Kaufhaus**. Die drei kreativen Initiatoren wählen ihre Kollektion sorgfältig nach Schnitt, Stoffqualität und Prints aus. Außer Kleidung führen sie Schmuck, Taschen, Schuhe, bezahlbare Wohnaccessoires und sogar Möbel. Mehr als die Hälfte des Gewinns wird in Entwicklungsprojekte gesteckt, unter anderem in Afrika.
eerste sweelinckstraat 21, facebook.com/hetkaufhaus, geöffnet: di-sa 10.00-18.00, so 12.00-17.00, straßenbahn: 3, 4 ceintuurbaan oder van woustraat

(26) Der Concept-Store **Hutspot** ist eine Plattform für mehr als 70 Designer, Künstler und Start-ups, die hier ihre Produkte gegen einen kleinen Obolus präsentieren und vermarkten können. Neben Kleidung gibt es Accessoires, Möbel und Einrichtungsgegenstände, von denen man noch gar nicht wusste, dass man sie unbedingt haben möchte. In der 2. Etage befindet sich eine stimmungsvolle Bar, in der man Spezialbiere und exklusive Cocktails trinken kann – und an Wochenenden bis in die frühen Morgenstunden viel los ist.
van woustraat 4, www.hutspotamsterdam.com, telefon: 020 2231331, geöffnet: mo-sa 10.00-19.00, so 12.00-18.00, straßenbahn: 4 stadhouderskade (westeinde)

(34) Schweden kennt eine lange Kaffeetradition, die immer weiter perfektioniert wurde. Überzeugen Sie sich selbst davon im **Scandinavian Embassy**, Sie werden es schmecken. Die Kaffeebohnen stammen von Mikroröstereien aus Stockholm, Helsingborg und auch aus Oslo. Auf der Karte stehen zum Beispiel Lamm vom Grill, *surströmming* (fermentierter Hering) und dänischer Käse.
sarphatipark 34, www.scandinavianembassy.nl, telefon: 06 19518199, geöffnet: di-fr 8.00-18.00, sa-so 10.00-17.00, straßenbahn: 3 tweede van der helststraat

Amsterdam live

(7) Das eigenwillig-kreative **Studio/K**, das in einer ehemaligen Handwerks-schule untergebracht ist, zieht ein bunt gemischtes Publikum aus Anwohnern, Studenten, Künstlern, Migranten und Einheimischen aller Altersstufen an. Hier erwarten Sie Film, Theater, Essen, Trinken und Musik.
timorplein 62, www.studio-k.nu, telefon: 020 6920422, geöffnet: so-do 11.00-1.00, fr-sa 11.00-3.00 (programm: siehe website), straßenbahn: 14 javaplein

(10) Der **Dappermarkt** wurde schon mehrmals zum besten Markt des Landes gekürt. Alles, was auf einen Eine-Welt-Markt gehört, gibt es hier: *roti*, Hering, bunte Kleidung, exotisches Obst und Gemüse. Und das, wie es sich gehört, natürlich um einiges günstiger als im Supermarkt.
dappermarkt, www.dappermarkt.nl, geöffnet: mo-sa 10.00-17.00, straßenbahn: 3, 7 dapperstraat

(15) Ob Jung oder Alt – **Artis** darf man einfach nicht verpassen. Denn dieser Zoo mit seinen zahlreichen Vertretern des Tierreichs ist eine ruhige Oase mitten in einer hektischen Stadt. Eröffnet wurde Artis 1838 mit dem Ziel, den Bürgern die Natur näherzubringen. Die meisten Gebäude aus jener Zeit existieren nach wie vor. Highlights sind das Aquarium und das Planetarium.
plantage kerklaan 38-40, www.artis.nl, telefon: 0900 2784796, geöffnet: märz-mai & sept.-okt. 9.00-18.00, juni-aug. so-fr 9.00-18.00 sa 9.00-sonnen-untergang nov.-febr. 9.00-17.00, eintritt: 19,95 €, straßenbahn: 9, 14 artis

(16) Der aus dem Jahr 1838 stammende **Hortus Botanicus** verfügt über eine teilweise sehr exotische Sammlung von nicht weniger als 6000 Pflanzen und Bäumen, die sich teils in Gewächshäusern befinden.
plantage middenlaan 2a, www.dehortus.nl, telefon: 020 6259021, geöffnet: täglich 10.00-17.00, preis: eintritt: 8,50 €, straßenbahn: 9, 14 artis

(19) Der **Oosterpark** bietet viel Platz für Freizeitbeschäftigungen, beherbergt aber auch zwei Denkmäler: *De Schreeuw* ("Der Schrei"), das zum Gedenken an den ermordeten Filmregisseur Theo van Gogh als Mahnmal für das Recht auf freie Meinungsäußerung errichtet wurde, sowie das Nationaal Monument Slavernijverleden, das an die Geschichte der Sklaverei erinnert.
oosterpark, straßenbahn: 3, 7, 9 linnaeusstraat oder wijttenbachstraat

(27) Schlendern Sie über den **Albert Cuypmarkt**, auf dem die Händler lautstark versuchen, ihre Ware feilzubieten. Es duftet nach Blumen, Sirupwaffeln, Hähnchen und Hering, und es gibt günstige Kleidung. Schauen Sie auch mal hinter die Stände, denn dort verbergen sich schöne Läden.
albert cuypstraat, www.albertcuypmarkt.nl, geöffnet: mo-sa 10.00-17.00, straßenbahn: 4 stadhouderskade, 16, 24 albert cuypstraat

(30) "Come as you are, pay as you feel", lautet das Credo dieses sympathischen Lokals. Wie der Name schon sagt, dreht sich bei **TRUST** alles um Vertrauen. Man bezahlt daher einfach das, was man für angemessen hält. Das engagierte Personal arbeitet auf ehrenamtlicher Basis und tischt Köstliches auf wie zum Beispiel "tom trust trust"-Suppe und glutenfreien Kakao. Viele Speisen sind gluten- oder laktosefrei, teils sogar vegan.
albert cuypstraat 210, trustamsterdam.org, telefon: 020 7371532, öffnungszeiten und preise: wechselnd, straßenbahn: 4 stadhouderskade (westeinde), 16, 24 albert cuypstraat

(33) Im späten 19. Jahrhundert gab es Pläne, an dieser Stelle den neuen Amsterdamer Hauptbahnhof zu errichten. Zum Glück hatte Samuel **Sarphati** jedoch eine bessere Idee. Der Arzt, Wohltäter und Stadtplaner wollte lieber einen Park im englischen Stil anlegen, starb aber fast 20 Jahre vor der Umsetzung seines Plans. Zu seinen Ehren wurde auf einem kleinen Hügel ein Denkmal errichtet. Der Sarphatipark liegt tiefer als andere Teile des Viertels De Pijp, da der Boden im Park nicht erhöht wurde wie sonst in der Umgebung.
sarphatipark, straßenbahn: 3 tweede van der helststraat, 4 ceintuurbaan oder van woustraat

(37) Authentischer und frischer als in der **Brouwerij Troost** kann Bier nicht sein. Gebraut wird es vor Ort von passionierten Bierliebhabern. Dafür haben sie das perfekte Gebäude gefunden: ein ehemaliges Kloster mit wunderbarem Garten. Die Biere passen ausgezeichnet zu den Köstlichkeiten auf der Speisekarte: Pommes aus eigener Herstellung, Hamburger, Flammkuchen, Nachos, Salate und Suppen.
cornelis troostplein 23, www.brouwerijtroost.nl, telefon: 020 7371028, geöffnet: mo-do 16.00-1.00, fr 16.00-3.00, sa 14.00-3.00, so 14.00-0.00, preis: bierchen ab 2,50 €, straßenbahn: 12 cornelis troostplein

Oost & de Pijp

SPAZIERGANG 5 (ca. 7,5 / 10 km)

Startpunkt ist Drover's Dog (1). Von dort den Platz überqueren und dann links über die Sumatrastraat Richtung Javastraat (2) (3) und den Javaplein (4) (5) (6). Den Platz überqueren und in die Borneostraat, zum Hotspot des Stadtteils Oost (7). Die Straße schräg überqueren und in die erste Straße links. Dann rechts in die Javastraat mit den vielen exotischen und hippen Läden (8) (9). Danach durch den Tunnel Richtung Dappermarkt (10) und dann Richtung (11) und (12). Rechts der Linnaeusstraat (13) folgen und vor dem Kreisverkehr die Straße Richtung Tropenmuseum (14) überqueren. Ab hier haben Sie die Wahl zwischen einer kurzen und einer langen Tour.

Lang: Richtung Mauritskade gehen, die erste Brücke nehmen und der Plantage Middenlaan (15) (16) bis zum Meester Visserplein folgen. Hier links halten und nach der Synagoge (17) links zum Jonas Daniël Meijerplein (18). Die Brücke links überqueren und den Hortusplantsoen durchqueren. An der Kreuzung rechts abbiegen und der Plantage Muidergracht folgen, bis Sie wieder an der Plantage Middenlaan sind. Rechts Richtung Tropenmuseum und den Spaziergang fortsetzen (siehe Kurz).

Kurz: der Linneausstraat Richtung Oosterpark (19) folgen. Den Park durchqueren und beim Sklaverei-Denkmal wieder verlassen. Weiter Richtung Eerste Oosterparkstraat, an der Ecke liegt die Bar Bukowski (20). Über den Beukenweg Richtung Beukenplein (21). Von hier zurückgehen und links in die Tweede Oosterparkstraat. Der ersten Straße rechts folgen, dann links in die Eerste Oosterparkstraat. Bis zur Wibautstraat gehen, diese überqueren und rechts abbiegen. Der zweiten Straße links (22) bis zum Ende folgen, die Nieuwe Amstelbrug überqueren und über die Ceintuurbaan Richtung De Pijp gehen (23). Rechts abbiegen, bis zur Tweede Jan Steenstraat. Dann links und wieder links in die Eerste Sweelinckstraat (24) (25). Rechts in die Govert Flinckstraat und die erste Straße links. Bis (26) gehen oder davor in die Albert Cuypstraat (27) (28) (29) (30) (31) (32). Dieser Straße bis zum Ruysdaelkade folgen. Diesseits des Wassers zweimal links abbiegen. In den Sarphatipark (33) über den ersten Eingang rechts. Den Park über den Ausgang wieder verlassen. Der Straße Sarphatipark ein Stück nach links folgen (34). Dann rechts in die Ceintuurbaan (35) (36), links in die Ferdinand Bolstraat Richtung Cornelis Troostplein (37).

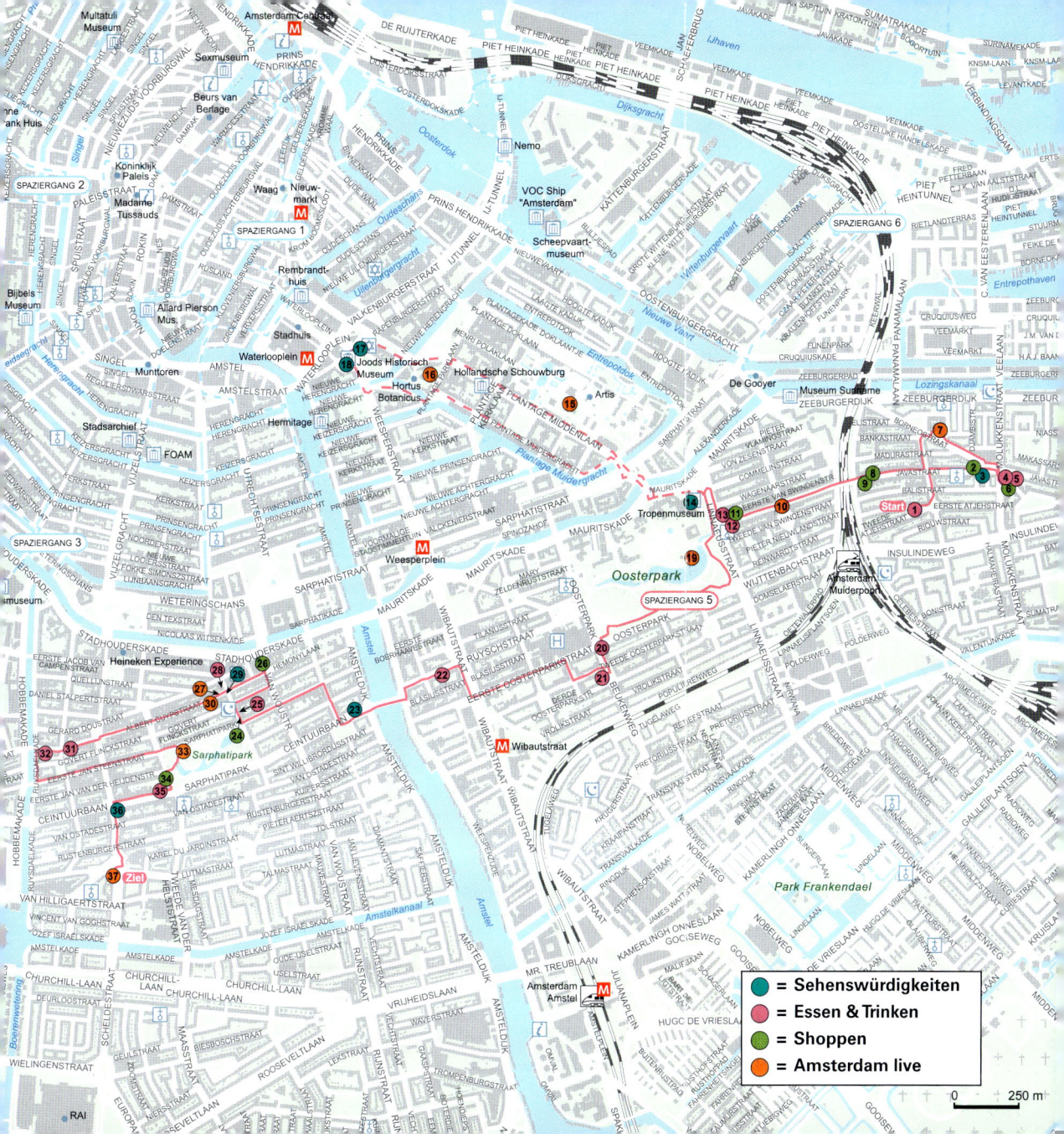

5

De Eilanden & Noord

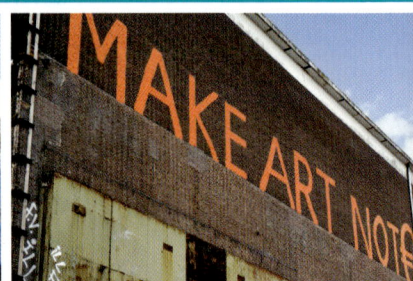

Nördlich des IJ, aber mittendrin

Lange Zeit galt für viele Amsterdamer: Wer nördlich des Gewässers IJ (sprich: Ei) wohnt, gehört nicht dazu. Diese Zeiten sind aber vorbei. Heute setzen ganze Heerscharen mit Fährbooten über zur anderen Seite des IJ. Zum Beispiel, um den größten Flohmarkt der Niederlande, das futuristische Filmmuseum EYE oder die industriellen Cafés, Restaurants und Vintage-Läden zu besuchen, die sogar in Amsterdam ihresgleichen suchen.

Im Stadtteil Noord ist noch viel Platz, nicht nur für Kreativität, sondern auch für Erholung. Seit einigen Jahren kann man auf der IJ-Promenade herrlich am Wasser entlangspazieren, um mit Blick auf die Stadt den Kopf wieder frei zu bekommen. Auch den Lokalen wurden keine engen Grenzen gesetzt – große Gärten und Strände findet man hier, und das alles ohne den Lärm der Stadt.

Gleiches gilt für die Inseln Java-eiland und KNSM-eiland, die sich mit architektonischen Perlen rühmen können. Beide erinnern an Rotterdam, was nicht

weiter verwundert, denn auch dort standen Handel und Seefahrt im Mittelpunkt. Hier kann man sich den Wind um die Nase pfeifen lassen und in einem der Einrichtungsläden Ideen sammeln. Immer mehr erfolgreiche Amsterdamer lassen sich hier mit ihren Familien nieder.

Langsam wächst das Bewusstsein, dass Noord durchaus interessant ist. Zwischen den kleinen und großen Betrieben in den (teils etwas heruntergekommenen) Gewerbegebieten siedeln sich zunehmend kreative Start-ups an, die im industriellen Charme und der Weitläufigkeit des Stadtteils einen Vorteil sehen. Ein Tunnel für Fahrradfahrer und Fußgänger lässt noch auf sich warten, daher muss man sich weiterhin mit den kleinen Fähren begnügen.

Über die Stadtteile Noord und Oostelijke Eilanden erreicht man die Czaar Peterstraat und das Werkspoor-Gelände, eine Gegend, in der sich ebenfalls viel verändert hat. Hier befindet sich auch Roest, ein kultureller Hotspot mit dazugehörigem Club. Die Galerien und kleinen Läden machen dieses Viertel so interessant.

6 Insider-Tipps

IJ-hallen

Auf dem riesigen Flohmarkt nach Schnäppchen jagen.

Hotel de Goudfazant

Ein originelles Restaurant entdecken.

Blom & Blom

In passendem Ambiente industrielle Vintage-Ware erstehen.

Roest

Auf einer alten Werft dinieren und tanzen.

Brouwerij 't IJ

Bier trinken, wo es gebraut wird.

KNSM-eiland

Sich vorstellen, wie die Schiffe der Westindien-Kompanie ablegten.

Sehenswürdigkeiten

Shoppen

Essen & Trinken

Amsterdam live

Sehenswürdigkeiten

(5) Der **Museumhafen** vermittelt einen tollen Einblick, wie dieser Teil der Stadt im 17. Jahrhundert aussah, als hier Schiffe der Marine lagen und in den Werften der Westindien-Kompanie Hochbetrieb herrschte. Bis weit in das 20. Jahrhundert hinein war dieser Hafen bedeutend für die Binnenschifffahrt. Heute finden 50 bis 150 Jahre alte Schiffe hier ihre letzte Ruhestätte. Die Sammlung reicht von Tjalken über Klipper bis hin zu Luxusmotorbooten und Schleppern. Am Kai stehen alte Schiffsbaumaschinen wie eine Spantenbiegemaschine.
oosterdok, www.museumhavenamsterdam.nl, geöffnet: rund um die uhr, eintritt: frei, straßenbahn: 1, 2, 4, 5, 9, 13, 16, 17, 24, 26 centraal station

(6) Eine bessere Location für **Het Scheepvaartmuseum** hätte es nicht geben können: Das Gebäude wurde von 1656 an als Lager für Kanonen, Segeltuch, Fahnen und Schiffsausrüstung für die Kriegsmarine genutzt. Heute sind hier neben Gemälden von Helden der Meere und Seeschlachten auch Schiffsmodelle, Waffen und alte Weltkarten zu sehen. Im Außenbereich kann man an Bord eines nachgebauten Schiffes der Westindien-Kompanie gehen, dessen Original aus dem Jahr 1749 stammt.
kattenburgerplein 1, www.hetscheepvaartmuseum.nl, telefon: 020 5232222, geöffnet: täglich 9.00-17.00, eintritt: 15 €, straßenbahn: 26 kattenburgerstraat

(7) Fast alle der im 17. Jahrhundert erbauten Kornmühlen an der Buitensingelgracht wurden im 19. Jahrhundert abgerissen, nur **De Gooyer** blieb stehen. Die 1725 erbaute Mühle, in der sogar noch im Zweiten Weltkrieg Getreide für die Bürger Amsterdams gemahlen wurde, kann leider nicht besichtigt werden. Aber allein ihr Anblick inmitten der urbanen Umgebung bleibt faszinierend.
funenkade 5, straßenbahn: 10 hoogte kadijk

(17) Das **Lloyd Hotel**, eine der außergewöhnlichsten Übernachtungsmöglichkeiten Europas, ist ein toll renoviertes ehemaliges Gefängnis und Lichtblick für jeden Designliebhaber. Neben Unterkunft ist das Lloyd Hotel auch eine "Kulturbotschaft", in der den Gästen mittels Kunst, Lesungen, Konzerten und Pop-up-Veranstaltungen ein Einblick in die niederländische Kultur geboten wird – und niederländischen Besuchern in die Kulturen internationaler Gäste.
oostelijke handelskade 34, www.lloydhotel.com, telefon: 020 5613636, geöffnet: täglich, preis: 20 €, straßenbahn: 10, 26 rietlandpark

(18) Kommt Ihnen das Flair der Insel **Java-eiland** vielleicht bekannt vor? Kein Wunder, denn als Vorbild diente das Amsterdamer Zentrum. Im frühen 20. Jahrhundert ließ sich auf dieser künstlichen Insel im IJ eine Reederei nieder, die die Schifffahrt mit den Kolonien in Asien unterhielt. Mit deren Unabhängigkeit kam auch der Handel mit Asien zum Erliegen, sodass die Insel an Bedeutung verlor. In den 1990er-Jahren wurde die bestehende Bebauung vollständig abgerissen. Heute stehen hier postmoderne Grachtenhäuser und an der westlichen Spitze finden regelmäßig Konzerte und Veranstaltungen statt.

java-eiland, straßenbahn: 10 azartplein

(19) Die neun Fußgänger- und Fahrradbrücken, die **Negen Bruggen**, über die vier Grachten der Insel Java-eiland wurden vom belgischen Künstlerpaar Guy Rombouts und Monica Droste entworfen. Pate dafür stand ihr eigenes "Azart"-Alphabet, nach dem benachbarten Platz Azartplein benannt. In dieser Bildschrift wird jeder Buchstabe in Form einer Linie und mit einer Farbe dargestellt – so ist der Buchstabe C eine zitronengelbe Kurve. Zusammen bilden die Linien ein Wort.

java-eiland, straßenbahn: 10 azartplein

(20) Wie Java-eiland war auch die Schwesterinsel **KNSM-eiland** noch bis in die 1950er-Jahre ein bedeutender Standort für den Handel mit Übersee. Namensgeber der Insel war die Koninklijke Nederlandse Stoomboot Maatschappij (KNSM), die hier seit 1903 ansässig war. Anders als auf Java-eiland wurden die Hafengebäude auf KNSM-eiland jedoch nicht komplett abgerissen, sondern weiter genutzt. Auch die 1959 errichtete Skulpturengruppe Amphitrite samt Brunnen blieb erhalten.

knsm-eiland, straßenbahn: 10 azartplein

(22) Mit dem Mut der Verzweiflung stemmte sich die KNSM in den 1950er-Jahren gegen einen aufstrebenden Rivalen, den Luftverkehr. Um Reisende anzulocken, ließ die Reederei ein neues Luxusterminal errichten, das die Eleganz der großen Luxusliner jener Zeit verströmt. Heute kann man im **Kompaszaal** an Originaltischen einen *high tea* oder Aperitif trinken und ein Mittag- oder Abendessen genießen.

knsm-laan 311, www.kompaszaal.nl, telefon: 020 4199596, geöffnet: mi 11.30-18.00, do 11.30-23.30, fr 11.30-3.00, sa 11.00-3.00, so 11.00-23.30, preis: 17,50 €, straßenbahn: 10 azartplein

EYE ㉘

㉘ Kommenden Generationen die Geschichte des Films näherbringen, so lautet die Zielsetzung von **EYE**, einem Zusammenschluss von Filmmuseum, Holland Film, Filmbank und dem niederländischen Institut für Filmerziehung. EYE verfügt über 46.000 Filme, 500.000 Fotos und 41.000 Filmposter und veranstaltet neben Ausstellungen auch Filmvorstellungen.
ijpromenade 1, www.eyefilm.nl, telefon: 020 5891400, geöffnet: so-do 10.00-22.00, fr-sa 10.00-23.00, eintritt: frei, filmvorstellung 10 €, fähre: ijpleinveer oder buiksloterwegveer

㉙ Mit dem **Oeverpark** (Uferpark) hat Amsterdam jetzt endlich eine Promenade am Wasser. Die Bäume sind zwar noch jung, gehören zum größten Ulmen-Arboretum Europas mit über 30 verschiedenen Ulmensorten.
oeverpark, fähre: ijpleinveer oder buiksloterwegveer

Essen & Trinken

① Mit der **Doubletree Hilton SkyLounge** hat ein Stück Manhattan Einzug gehalten in Amsterdam. Für jedermann zugänglich bietet das Hotel, das auch über eine Loungebar und eine Dachterrasse verfügt, eine grandiose Aussicht auf die Stadt, das IJ und den Stadtteil Noord.
oosterdoksstraat 4, doubletree3.hilton.com, telefon: 020 5300800, preis: sandwich 15 €, straßenbahn: 1, 2, 4, 5, 9, 13, 16, 17, 24, 26 centraal station

③ Das **Hannekes Boom** ist das beliebteste Restaurant-Café der Amsterdamer Szene. Mit einem eigenen Hafen, einer Picknickwiese, einer Kletterwand, einer Speisekarte mit Biogerichten und viel Platz, um am Wochenende ordentlich abzutanzen, bietet das Lokal genügend Gründe, um vorbeizuschauen.
dijksgracht 4, www.hannekesboom.nl, telefon: 020 4199820, geöffnet: so-do 11.00-1.00, fr-sa 11.00-3.00, preis: 16,50 €, straßenbahn: 1, 2, 3, 5, 9, 13, 16, 17, 24, 26 centraal station

⑧ Nicht Heineken, sondern das Bier der **Brouwerij 't IJ**, direkt neben der Mühle De Gooyer, ist der beliebteste Gerstensaft der Amsterdamer. Im hauseigenen Pub kann man verschiedene Biere probieren.
funenkade 7, www.brouwerijhetij.nl, telefon: 020 5286237, geöffnet: täglich 14.00-20.00, preis: bierchen 3 €, straßenbahn: 10 hoogte kadijk

⑬ Wozu braucht man eine Speisekarte, wenn die Auswahl so überschaubar ist? Bei **Rosa & Rita**, einem großen Lokal mit schwedischem Ofen, mag man es gern einfach, aber gut, daher können Sie nur zwischen Pizza und Entrecôte wählen. Der Teig und die Soße für die Pizza sind übrigens hausgemacht.
conradstraat 471, www.rosaenrita.nl, telefon: 06 11122373, geöffnet: di-so ab 16.30, preis: 10,50 €, straßenbahn: 10, 26 rietlandpark

⑯ An dem Ort, an dem sich im 19. Jahrhundert Immigranten einem Gesundheitscheck unterziehen mussten, befindet sich heute das **Kunstcafé de Cantine**. Das Lokal serviert bezahlbare internationale Gerichte wie Lammcurry, Steak und Käsefondue und ist außerdem die Kulisse für Ausstellungen, Filmvorführungen, Popquiz und Livemusik am Sonntagnachmittag.
rietlandpark 373, www.decantine.nl, telefon: 020 4194433, geöffnet: mo-fr 10.00-0.00, sa-so 12.00-0.00, preis: 15 €, straßenbahn: 10, 26 rietlandpark

HOTEL DE GOUDFAZANT (24)

(21) Das Café-Restaurant **Kanis & Meiland 3.0** ist das Stammlokal der Insel-Bewohner. Aber auch für Nichtinsulaner ist das Lokal ein idealer Ort, um Zeitung zu lesen, ein Spielchen zu spielen oder ein Bierchen zu trinken. *levantkade 127, www.kanisenmeiland.nl, telefon: 020 7370674, geöffnet: mo-fr 8.30-1.00, sa-so 10.00-1.00, preis: 2,20 €, straßenbahn: 10 azartplein*

(24) Von außen kaum erkennbar befindet sich in einer großen Lagerhalle das Spitzenrestaurant **Hotel de Goudfazant**. In dem Lokal, das gar kein Hotel ist, kommen zu moderaten Preisen Gerichte der Saison auf den Tisch. Im Sommer locken die Picknicktische am Wasser, die einen Blick auf die IJ-Inseln erlauben. *aambeeldstraat 10, www.hoteldegoudfazant.nl, telefon: 020 6365170, geöffnet: di-so 18.00-22.00, preis: drei-gänge-menü 30 €, fähre: ijplein oder oostveer*

㉕ **Stork** ist ein Fischrestaurant mit einem klaren Konzept. Denn hier wird nur Fisch aus nachhaltiger Fischerei serviert. Nimmt man das industrielle Ambiente, den IJ-Blick und die riesige Terrasse dazu, wird klar, wieso Stork für viele Amsterdamer die erste Adresse ist, wenn sie köstliche Fischsuppe oder zartes Seebarschfilet essen wollen.
gedempt hamerkanaal 201, www.restaurantstork.nl, telefon: 020 6344000, geöffnet: täglich 11.00-22.30, preis: 20 €, fähre: ijplein oder oostveer

㉖ Trotz der leuchtenden Farbe übersah 2005 der Kapitän eines Motorbootes **Wilhelmina Dok** und zerlegte das Lokal samt Terrasse komplett. Davon ist heute zum Glück nichts mehr zu sehen. Beliebt ist das Lokal nicht nur wegen der tollen Lage, sondern auch wegen der mediterranen Gerichte, die überwiegend mit biologischen Zutaten zubereitet werden.
noordwal 1, www.wilhelmina-dok.nl, telefon: 020 6323701, geöffnet: mi-so 10.00-22.00, preis: 15,50 €, fähre: ijplein oder oostveer

㉝ Von außen sieht das **Noorderlicht Café** aus wie ein riesiges Gewächshaus, innen ist das Lokal mit Materialien aus dem Wald und von der Straße eingerichtet. Das Café gehört dank seiner Lage, der Livemusik an den Wochenenden und der Bio-Gerichte zu den Toplocations der Stadt. Es liegt auf dem Werftgelände der NDSM, auf dem von 1946 bis 1984 Schiffe gebaut wurden.
NDSM plein 102, www.noorderlichtcafe.nl, telefon: 020 4922770, geöffnet: märz-okt. täglich ab 11.00, nov.-febr. di-so ab 11.00, küche bis 22.00, preis: 16,50 €, fähre: ndsm-werfveer, houthavenveer (für rückfahrt siehe 34 & 35)

㉞ Das **Pllek** auf dem einstigen Werftgelände der **NDSM** als Restaurant oder Café zu bezeichnen, wäre untertrieben, denn hier passiert viel mehr. Deshalb bezeichnet Pllek sich selbst als "kreativen Hang-out". An Wochenenden wird hier Yoga-Unterricht angeboten, es laufen Filme jenseits des Mainstreams, außerdem werden *detox*-Cocktails gemixt und Bio-Sandwiches mit Belag der Region oder anderes gutes Essen gereicht.
tt neveritaweg 59, www.pllek.nl, telefon: 020 2900020, geöffnet: täglich ab 9.30 (küche bis 22.00), preis: 17,50 €, fähre: ndsm-werfveer (letzte fähre richtung hauptbahnhof mo-sa 1.00, so 0.00), houthavenveer (letzte fähre richtung tasmanstraat 23.40)

NOORDERLICHT CAFÉ ㉝

㉟ Wo sich heute das Café-Restaurant **IJ-kantine** befindet, waren früher die Büros, die Montagehalle und die Kantine der NDSM-Werft. Beim Bau legten die Schiffsmonteure damals selbst Hand an. Als die Werft in den 1980er-Jahren Insolvenz anmelden musste und geschlossen wurde, übernahm der Interessenverband Belangenverenging Baanloze Scheepsbouwers das Gebäude als Vereinsheim. Heute kann man hier in modern-gemütlicher Einrichtung etwas essen, trinken und den tollen Blick auf das IJ genießen.

mt. odinaweg 15-17, www.ijkantine.nl, telefon: 020 6337162, geöffnet: täglich ab 9.00, preis: 20 €, fähre: ndsm-werfveer (letzte fähre richtung hauptbahnhof mo-sa 1.00, so 0.00), houthavenveer (letzte fähre richtung tasmanstraat 23.40)

Shoppen

(9) Die Inhaberinnen von **Magazin** werden geradezu euphorisch, wenn sie das perfekte Geschenk finden – und teilen diese Begeisterung am liebsten mit ihren Kunden. Tolle Geschenkideen gibt es daher genug in diesem Lifestyleladen! Das meiste stammt aus umweltbewusster, fairer Produktion, überwiegend von lokalen Künstlern und Designern, wie zum Beispiel die Grachtengürtelkette von Roeline Boot oder die Schals von Barendtz.
czaar peterstraat 104, www.magazinamsterdam.nl, telefon: 06 33091199, geöffnet: mi 13.00-18.00, do-fr 11.00-18.00, sa 11.00-17.00, straßenbahn: 10 eerste leeghwaterstraat

(11) Debby, die genug hatte von der Zeitarbeitswelt, hat sich einen einstigen Waschsalon als Location für ihren Laden ausgeguckt, in dem sie nur Produkte verkaufen wollte, die sie glücklich machen. Das Ergebnis ist **Olie & Zo**, ein Fachgeschäft für hochwertige Küchenartikel und Geschenke. Mindestens acht verschiedene Öle vom Fass sind Standard, die Hälfte davon aus biologischer Herstellung. Aber auch der Bereich "& Zo" ist reizvoll.
czaar peterstraat 128, www.olieenzo.com, telefon: 020 6223832, geöffnet: di-fr 10.00-18.00, sa 10.00-17.00, straßenbahn: 10 eerste leeghwaterstraat

(12) Mit **CP113** hat jetzt auch die Czaar Peterstraat ihren Concept-Store. Im Klartext heißt das: Kunden können in Kleidung stöbern und dabei einen Kaffee der Stadtrösterei aus Amsterdam-Noord und Kuchen vom fahrenden Bäcker Van Moss genießen. Das tolle Sortiment besteht aus neuen und Vintage-Kleidungsstücken von Amsterdamer und skandinavischen Designern und Marken wie Cheap Monday, Common People oder Mads Norgaard. Und als ob das noch nicht reichen würde, sind sogar die Möbel im Laden zu verkaufen!
czaar peterstraat 113, www.cp113.com, telefon: 020 2231976, geöffnet: so-mo 12.00-17.30, di-fr 9.30-17.30, sa 10.00-17.30, straßenbahn: 10 eerste leeghwaterstraat

(23) Seinen eigenen Entwurf auf ein T-Shirt drucken lassen oder die neuesten Etnies und Vans erstehen: Bei **Arrival/Departure** geht das. Außerdem gibt es Skatermode und ein Allerlei aus Vintage, Hippie-Schick und Fred-Perry-Shirts.
knsm-laan 301, www.arrivaldeparture.nl, telefon: 020 4199234, geöffnet: di-sa 11.00-18.00, so 13.00-18.00, straßenbahn: 10 azartplein

(30) Die zwei Brüder, die hinter **Blom & Blom** stecken, haben eine gemeinsame Leidenschaft: Gegenstände mit einer industriellen Vergangenheit vor der Vernichtung zu retten. Vieles stammt aus alten Fabriken der ehemaligen DDR. Möbel und Lampen bekommen in ihrer Werkstatt in Berlin oder Amsterdam ein neues Leben und werden zum Verkauf angeboten. Jedes Produkt ist mit einem Zertifikat versehen, das die Herkunft verrät.
chrysantenstraat 20a, www.blomandblom.com, telefon: 020 7372691, geöffnet: di-sa 10.00-18.00, fähre: ijpleinveer oder buiksloterwegveer

(31) **Neef Louis** ist eine 1500 Quadratmeter große Lagerhalle vollgestopft mit Vintage, Design und industriellen Gegenständen. Louis hat ein Näschen für schöne Möbel, Lampen und Accessoires und wird regelmäßig für die Gestaltung von Läden, Ausstellungen, Filmsets und Messen, wie zum Beispiel Bread & Butter in Berlin, gebucht. Seine Mission: Die Menschen sollen ihren Lebensraum verschönern.
papaverweg 46, www.neeflouis.nl, telefon: 020 4869354, geöffnet: di-fr 10.00-18.00, sa 10.00-17.30, fähre: ijpleinveer oder buiksloterwegveer

(32) Die Inhaber von **Van Dijk en Ko** sind oft in Ungarn und Rumänien unterwegs auf der Suche nach prachtvollen Schränken, Kommoden, Betten oder Frisiertischen, die ein zweites Leben verdienen. Neben außergewöhnlichen Prunkstücken findet man in der Lagerhalle auch fantasievolle Lampenschirme und -füße aus der Manufaktur Gezusters Stoop Lampenkappenatelier sowie eine große Buchabteilung. Viele der originellen Gegenstände sind Unikate, das Sortiment wechselt ständig.
papaverweg 46, www.vandijkenko.nl, telefon: 020 6841524, geöffnet: di-sa 10.00-18.00, so 12.00-18.00, fähre: ijpleinveer oder buiksloterwegveer

(37) Ein wenig Vintage, aber vor allem viele eigene Entwürfe gibt es in diesem Einrichtungsladen zu sehen, dem ersten seiner Art auf dem NDSM-Gelände. Designerin Esther von **Woodies at Berlin** arbeitet gern mit Holz und Stahl und hat drei Möbellinien entworfen. Wenn Sie andere Vorstellungen haben, dann hilft Esther gerne bei der Ausarbeitung eines eigenen Entwurfs. Neben Möbeln und Lampen hat sie auch Kleidung aus fairem Handel im Sortiment.
ms. van riemsdijkweg 51, www.woodiesatberlin.nl, telefon: 06 43008100, geöffnet: mi-sa 10.00-18.00, fähre: ndsm-werfveer oder houthavenveer

BLOM & BLOM (30)

Amsterdam live

(2) Am 7. 7. 2007 öffnete die **Centrale Bibliotheek** in Amsterdam ihre Türen, mit 28.000 Quadratmetern ist sie die größte Bücherei des Landes. Nicht-Amsterdamer dürfen keine Bücher ausleihen, aber den Blick schweifen zu lassen, ist durchaus erlaubt. Die Einrichtung ist modern und sehenswert, aber wirklich großartig ist die Aussicht im Restaurant in der 7. Etage.
oosterdoksekade 143, www.oba.nl, telefon: 020 5230900, geöffnet: täglich 10.00-22.00, straßenbahn: 1, 2, 3, 5, 9, 13, 16, 17, 24, 26 centraal station

(4) **NEMO**, das größte Wissenschaftszentrum der Niederlande, bietet fünf Etagen voller wissenschaftlicher und technologischer Mitmach- und Denk-spiele, die nicht nur Wunderkinder und Technikfreaks faszinieren. Selbst wenn man keine Ahnung von Physik und Technik hat, verbringt man hier lustige und lehrreiche Stunden. Tipp: Gönnen Sie sich einen Drink auf der Dachterrasse.
oosterdok 2, www.e-nemo.nl, telefon: 020 5313233, geöffnet: täglich 10.00-17.30, dachterrasse im sommer bis 19.00, eintritt: 15 €, straßenbahn: 1, 2, 3, 5, 9, 13, 16, 17, 24, 26 centraal station

(10) Die Hände, die bei **Doctor Feelgood Massage Company** massieren, haben auch schon Bruce Springsteen oder Madonna durchgeknetet. Teilen Sie Ihre Wünsche und/oder körperlichen Problemzonen mit und schon loten Inhaberin Esther und ihre Masseure aus, welche Behandlung Ihnen guttun wird. Zur Auswahl stehen zum Beispiel Feelgood-'n'-Relax-Massage, RSI Combat oder eine Massage gegen Migräne.
czaar peterstraat 108, www.doctorfeelgood.nl, telefon: 020 3307093, geöffnet: di-fr 10.00-22.00, sa-so 10.00-18.00 (nach vereinbarung), preis: massage ab 45 €, straßenbahn: 10 eerste leeghwaterstraat

(14) Ausstellungen, Workshops, Wettbewerbe und Projekte rund um Kunst, Neue Medien und Kultur – das alles bietet **Mediamatic**. Erwarten Sie kein braves Museumsprogramm, sondern neuartige Veranstaltungen, die zum Nachdenken anregen. Ignite ist ebenfalls sehenswert: Zwölf Künstler haben jeweils fünf Minuten Zeit, um ihr Werk zu präsentieren.
voc-kade 10 (van gendthallen), www.mediamatic.net, telefon: 020 6389901, geöffnet: wechselnd, eintritt: wechselnd, straßenbahn: 10, 26 rietlandpark

(15) **Roest** befindet sich auf dem Gelände, auf dem früher die Schiffe der Niederländischen Ostindien-Kompanie gebaut wurden. Roest ist Café, Theater, kreative Plattform, Ausstellungsraum, Strand und Club in einem. Getränke und Lebensmittel kauft man im Campingladen oder im Doppeldeckerbus, um sie am Strand oder in dem industriell angehauchten Restaurantteil zu verspeisen.
jacob bontiusplaats, www.amsterdamroest.nl, telefon: 020 3080283, geöffnet: so-do 11.00-1.00, fr 16.00-3.00, sa 11.00-3.00, eintritt: frei, straßenbahn: 10, 26 rietlandpark

(27) Wo 70 Jahre lang die Mitarbeiter von Shell ihr Mittagessen einnahmen, befindet sich zurzeit einer der kulturellen Hotspots im Stadtteil Noord. In der ehemaligen Shell-Kantine und im benachbarten Garten **Tolhuistuin** (vor 150 Jahren als städtischer Park angelegt) finden Konzerte und Theatervorstellungen statt und legen DJs Musik auf. Und selbst wenn mal nichts auf dem Programm steht, lässt es sich in der Anlage mit Café-Restaurant, großer Dachterrasse und Garten gut aushalten. Tipp: Sehr empfehlenswert ist die Tolhuistour, eine Audiotour. Den Audioguide gibt es bei EYE nebenan oder als App (die Tales&Tours-App ist kostenlos, die Tolhuistour kostet 2,69 Euro).
tolhuisweg 5, www.tolhuistuin.nl, telefon: 020 7630650, geöffnet: garten do-so 12.00-22.00 (programm: siehe website), fähre: ijpleinveer oder buiksloterwegveer

(36) Die **IJ-hallen** sind zwar nur an einem Tag in der Woche geöffnet, aber die Gelegenheit sollten Sie unbedingt wahrnehmen. Denn der Flohmarkt in den ehemaligen Lagerhallen (und im Sommer auch ringsherum) gehört mit 750 Ständen zu den größeren in Europa. Da der Markt so beliebt ist, kommen Schnäppchenjäger nicht mehr unbedingt auf ihre Kosten, die Atmosphäre ist dennoch großartig und interessante Dinge gibt es natürlich in Hülle und Fülle.
tt. neveritaweg 15, www.ijhallen.nl, telefon: 0229 581598, geöffnet: 1x im monat sa-so 9.00-16.30 (siehe website), eintritt: 4,50 €, fähre: ndsm-werfveer oder houthavenveer

De Eilanden & Noord

S P A Z I E R G A N G 6 (ca. 11,5 km)

Startpunkt ist die Bibliothek am Oosterdokskade (1) (2). Von hier geht es links Richtung Kreuzung und von dort Richtung Hannekes Boom (3) oder rechts Richtung NEMO (4). Das Gebäude umrunden und dann nach rechts (5). Am Wasser entlang nach links bis zum Scheepvaartmuseum (6). Da geradeaus der Kattenburgergracht bis (7) und (8) folgen. Zurück zur Brücke, das Wasser überqueren und geradeaus in die Czaar Peterstraat (9) (10) (11) (12). Am Ende der Straße, vor den Gleisen, links zum einstigen Werkspoor-Gelände (13). Geradeaus gehen, dann links und um das Gebäude herum rechts. Von Mediamatic (14) und Roest (15) Richtung Bahngleise gehen. Hier rechts durch den Tunnel Richtung Piet Heinkade. Diesen überqueren und nach der Tramhaltestelle links die Tramgleise überqueren. Jetzt befinden Sie sich im Rietlandpark (16) (17). Weiter Richtung Veemkade und dann rechts. Dem Kai folgen und dann links über die Brücke Richtung KNSM-eiland (18). Die erste Straße rechts nehmen und am Wasser entlanggehen (19). Dann links Richtung Levantplein und wieder links in die KNSM-laan (20) (21). Der Straße folgen und über die Tramgleise Richtung Java-eiland (22) (23). Über den Bogortuin wieder zurück Richtung Azartplein und dort gratis übersetzen nach Noord. Dort angekommen, erreichen Sie Hotel de Goudfazant (24) links über den schmalen Fußweg. Danach links in die Aambeeldstraat und an der Kreuzung links in den Gedempte Hamerkanaal. Im Gewerbegebiet finden Sie ein Fischrestaurant (25). Zurück zum Gedempte Hamerkanaal und beim Wasser rechts abbiegen. Dann die erste Straße links, am Supermarkt vorbei, und dann wieder links. Über den Motorwal gelangen Sie zum Wasser. Hier rechts gehen und dem Weg folgen (26) bis zur Anlegestelle der Fähre. Rechts in die Meeuwenlaan und dann wieder die erste Straße links. Die erste Straße links und dann der Rechtskurve folgen. Bei den Schleusen überqueren und am Wasser entlang Richtung Tolhuistuin (27) gehen. Rechts am Gebäude vorbeigehen Richtung EYE (28). Am Wasser und am Oeverpark (29) entlangflanieren. In die Bundlaan einbiegen und dem Grasweg nach rechts folgen. Links in den Asterweg abbiegen und rechts in die Chrysantenstraat zum Gewerbegebiet (30). Am Ende der Straße links dem Distelweg folgen, bis Sie rechts das Wasser überqueren können. Nach der Brücke die erste Straße links nehmen (31) (32). Weitergehen, um am einstigen NDSM-Werftgelände (33) (34) (35) (36) (37) den Spaziergang abzuschließen.

= Sehenswürdigkeiten

= Essen & Trinken

= Shoppen

= Amsterdam live

0   250 m

6

Weitere Sehenswürdigkeiten

Wer den in 100% Amsterdam beschriebenen Routen folgt, entdeckt viele Schönheiten der Stadt. Doch auch Orte abseits der Spaziergänge sind natürlich einen Besuch wert. Einige davon sind nachfolgend beschrieben. Manche dieser Sehenswürdigkeiten sind vom Zentrum aus schwer zu Fuß zu erreichen, mit dem öffentlichen Nahverkehr ist das aber kein Problem. Die dazugehörigen Buchstaben finden Sie auf der Übersichtskarte vorn im Cityguide.

(M) Wer der hektischen Stadt für eine Weile entfliehen möchte, schnappt sich ein Fahrrad oder nimmt den Bus und fährt zum **Amsterdamse Bos**, einem Natur- und Erholungspark zwischen Amsterdam und Amstelveen. Ein wunderbarer Ort, um spazieren zu gehen oder Rad zu fahren. Auf dem großen Teich kann man mit dem Kanu und Tretboot herumschippern, außerdem gibt es zwei Kinderschwimmbäder und eine Ziegenfarm. Am Rand befinden sich zwei Fußball- und Feldhockeyplätze, und an der Bosbaan, einer berühmten Ruderstrecke, ist ein Ruderverein angesiedelt. Tipp: Jedes Jahr im Juli und August zieht das Freilufttheater viele Besucher an. Dann herrscht eine tolle Stimmung, und viele bringen einen Picknickkorb mit in den Park.
bosbaanweg 5, www.amsterdamsebos.nl, telefon: 020 5456100, geöffnet: besucherzentrum di-so 12.00-17.00, eintritt: frei, bus: 170, 172 von nijenrodeweg oder amstelveenseweg

(N) Nicht nur Blijburg, ein Stadtstrand mit alternativer Note, sondern auch **IJburg** ist vielen Amsterdamern völlig unbekannt. Schade, denn in puncto Gastronomie und Architektur ist hier einiges geboten. IJburg besteht aus sechs Inseln, von denen Steigereiland Zuid die interessanteste ist, zumindest in architektonischer Hinsicht. Hier haben die Bewohner ihre Häuser selbst entworfen, was vor allem an der J.O. Vaillantlaan gut zu sehen ist. Weiter findet man am Haringbuisdijk schwimmende Häuser. Auf Haveneiland Oost gibt es mit Firma Koek eine Crêperie (*pannenkoekenhuis*), die niederländische Pfannkuchen mit modernem Touch serviert, auf Haveneiland West das tolle griechische Restaurant I-Grec.
ijburglaan, straßenbahn: 26 ijburg

SCIENCE PARK Ⓞ

Ⓞ Im modernen **Science Park** steht alles im Zeichen der Wissenschaft. Außer der naturwissenschaftlichen Fakultät der Amsterdamer Universität befinden sich hier auch das Amsterdam University College, einige Dutzend Forschungs-institute und etwa 120 Betriebe. Auch wenn man nicht unbedingt an IT, Bio-wissenschaft, der Technologie von morgen und Nachhaltigkeit interessiert ist, lohnt sich ein Campus-Besuch. Gleich mehrere Gebäude wurden nämlich für den Amsterdamer Architekturpreis Gouden A.A.P. nominiert, unter anderem der Sitz des Amsterdam University College. Ebenfalls sehenswert ist das Lichtkunstwerk Raw Paradise im Bahnhofstunnel, das aus einigen Hundert LED-Modulen besteht, die ihr Licht kunstvoll mit dem Tageslicht vermengen und Sonne oder Mond scheinen lassen.

science park, bus: 40, 240 science park, zug: science park

Ausgehen

Amsterdam bietet vielfältige Ausgehmöglichkeiten: Film, Theater, Musik, Tanz, Comedy – von allem gibt es mehr als genug. Nähere Informationen in deutscher Sprache finden Sie unter anderem unter *www.iamsterdam.com/visiting*. Das Amsterdams Uitburo ist ebenfalls ein guter Tipp (Leidseplein 26, Telefon (+31) 20 7959950, geöffnet wochentags 10.00–19.30 Uhr, samstags 10.00–18.00, sonntags 12.00–18.00 Uhr). Dort bekommen Sie außer Informationen zu kulturellen Veranstaltungen auch Konzertkarten, manchmal zu Last-minute-Tarifen. Eine ausführliche Festivalliste finden Sie auf Seite 5 und 6 dieses Guides.

Die folgenden Bars, Clubs und anderen Lokale sind sicher einen Besuch wert. Die jeweiligen Buchstaben finden Sie auf dem Übersichtsplan am Anfang dieses 100% Cityguides. Damit Sie nicht am falschen Tag am falschen Ort sind, informieren Sie sich am besten vorher, wo und wann die Party abgeht.

(P) Im **Paradiso**, einer alten neugotischen Kirche, wird jeden Abend andere Musik aufgelegt: Jazz, Techno, Funk, Garage, Dubstep, Soul, Hip-Hop. Der Klassiker ist Noodlanding! am Mittwoch- und Donnerstagabend mit Live-Auftritten und DJs. Außerdem stehen hier regelmäßig die ganz Großen auf der Bühne: Die Rolling Stones, David Bowie, Prince, Lenny Kravitz, Robbie Williams und Lady Gaga gaben sich hier schon die Ehre.
weteringschans 6-8, www.paradiso.nl, telefon: 020 6264521, geöffnet: wechselnd, je nach vorstellung, eintritt: wechselnd, je nach vorstellung, straßenbahn: 1, 2, 5, 7, 10 leidseplein

(Q) **De Nieuwe Anita** ist nicht leicht zu finden, und wer dort ist, mag kaum glauben, dass es sich um einen Amsterdamer Party-Hotspot handelt. Die Retro-Tapeten, die Lampen und alten Sessel erinnern eher an Großmutters Wohnzimmer. Doch der Schein trügt: Hinter einem Bücherregal befindet sich der Eingang zur Cocktailbar mit Bühne, wo regelmäßig Theater- und Musik-vorstellungen stattfinden, experimentelle Filme laufen und DJs auflegen.
frederik hendrikstraat 111, www.denieuweanita.nl, geöffnet: wechselnd, je nach programm (siehe website), eintritt: wechselnd, je nach programm, straßenbahn: 3 hugo de grootplein

MELKWEG Ⓣ

Ⓡ Tintenflecke am Fußboden und Industrie-Gitterroste erinnern an die ursprüngliche Funktion von **Trouw Amsterdam** als Druckerei der gleichnamigen Zeitung. Heute ist der Club mit Restaurant und Ausstellungsraum einer der aktuellen Hotspots der Stadt. Feiern Sie bis spät in die Nacht zu Livemusik von Bands und DJs aus der ganzen Welt, nächtlichen Hunger kann man bis 3.00 Uhr in der Fusionsküche stillen.

wibautstraat 127, www.trouwamsterdam.nl, telefon: 020 4637788, geöffnet: wochentags bis 2.00, an wochenenden 22.30-5.00, eintritt: wechselnd, u-bahn: 51, 53, 54 wibautstraat

(S) Das neue Aushängeschild der Amsterdamer Partyszene lässt sich nicht leicht beschreiben. Im **Club AIR**, in dem 1300 menschen gleichzeitig feiern können, ist fast jeden Abend ein anderer Musikstil zu hören. Pfiffig: Beim Eingang laden Sie eine Chipkarte auf, mit der Sie alles bezahlen können.
amstelstraat 16, www.air.nl, telefon: 020 8200670, geöffnet: so & do 23.30-4.00, fr-sa 23.00-5.00, eintritt: wechselnd, straßenbahn: 4, 9, 14 rembrandtplein

(T) Im **Melkweg** erlebt man Auftritte jenseits des Mainstreams. In den zwei Hauptsälen (The Max und der Oude Zaal) wird am Wochenende auf Elektro abgetanzt. Unter der Woche treten täglich Bands auf, auch Festivals stehen regelmäßig auf dem Programm.
lijnbaansgracht 234a, www.melkweg.nl, telefon: 020 5318181, öffnungszeiten und preise je nach vorstellung; café täglich ab 10.00, säle meistens ab 21.00, straßenbahn: 1, 2, 5, 7, 10 leidseplein

(U) Wer nicht so auf rauschende Partys und dröhnende Bässe steht, für den ist **The Waterhole** eine interessante Alternative. In dieser stimmungsvollen Rockhöhle wird jeden Abend Livemusik gespielt. Schon aufgrund des ungewöhnlichen Interieurs lohnt es sich vorbeizuschauen.
korte leidsedwarsstraat 49, www.waterhole.nl, telefon: 020 6208904, geöffnet: so-do 16.00-3.00, fr-sa 16.00-4.00, eintritt: wechselnd, je nach vorstellung, straßenbahn: 1, 2, 5, 6, 7, 10 leidseplein

(V) Das Haus, in dem sich das Restaurant und der Club **Canvas** befinden, hat schon einige Veränderungen durchgemacht. Inzwischen ist Ruhe eingekehrt und es scheint als Volkshotel (siehe Hotels, D) eine dauerhafte Bestimmung gefunden zu haben. Tanzen kann man auch im **DOKA** im Untergeschoss.
wibautstraat 150, www.volkshotel.nl, telefon: 020 2612100, öffnungszeiten und preise je nach vorstellung (siehe website), straßenbahn: 51, 53, 54 wibautstraat

(W) **Studio 80** ist Club und kreative Plattform für neue elektronische Musik in einem. Der Club fördert junge Talente, unter anderem mit Praktika und einem Radiostudio. Die Früchte dieser Unterstützung können die Gäste genießen, denn die neue Generation von Musikern, Producern, Medienkünstlern und Visual Jockeys gibt hier gern ihr Können zum Besten.
rembrandtplein 17, www.studio-80.nl, telefon: 06 5218333, öffnungszeiten und preise je nach vorstellung (siehe website), straßenbahn: 4, 9, 14 rembrandtplein

TUSCHINSKI (X)

(X) Wer das Kino **Pathé Tuschinski** betritt, fühlt sich in die 1920er-Jahre mit ihrem Glanz und Glamour zurückversetzt. Auftrag zum Bau gab der polnische Unternehmer Abraham Tuschinski, allerdings schwebte ihm kein Kino vor Augen, sondern ein Märchentheater für Arbeiter. Eröffnet wurde das vier Millionen Gulden (nach heutiger Kaufkraft etwa 56 Millionen Euro) teure Haus am 28. Oktober 1921. Die Fassade mit ihrem ungewöhnlichen Stil, einer Mischung aus Amsterdamer Schule, Jugendstil und Art déco, hatte zum Ziel, Besucher in das wahrlich märchenhafte Innere zu locken, das mit tropischen Hölzern, Teppichen, viel Marmor, Bronze und Kupfer gestaltet ist.
reguliersbreestraat 26-34, www.pathe.nl/tuschinski, telefon: 0900 41458, geöffnet: siehe website, preis: filmvorstellung ab 10,50 €, straßenbahn: 4, 9, 14 rembrandtplein,

Alphabetischer Index

Thematischer Index

AMSTERDAM LIVE

HOTELS

Impressum

Dieser 100% Cityguide wurde mit größter Sorgfalt zusammengestellt. mo media ist nicht verantwortlich für eventuelle inhaltliche Fehler. Anmerkungen können Sie gerne an **mo media GmbH, Elisabethkirchstraße 17, 10115 Berlin** oder **info@momedia.com** richten.

autoren
Daphne Damiaans (Aktualisierung), Evelien Vehof, Saskia van Rijn, Tijn Kramer, Judith Zebeda

fotografie
Hans Zeegers, Fiona Ruhe, Duncan de Fey, Sven Benjamins, Marloes Bosch, Saskia van Osnabrugge, S. 78: Stedelijk Museum, Gert-Jan van Rooij, S. 78 & City-Map: Rijksmuseum, Iwan Baan, S. 81: Stedelijk Museum, John Lewis Marshall, S. 98: Taschenmuseum Hendrikje

übersetzung
bookwerk GbR Köln/München (Aktualisierung), Textcase

lektorat
Caroline Kazianka (Aktualisierung, für bookwerk), Ulrike Grafberger

schlussredaktion
Annette Steger, mo media

konzeptgestaltung
Studio 100%

gestaltung & lithografie
MasterColors MediaFactory

kartografie
Van Oort Redactie en Kartografie

100% Amsterdam
ISBN 978-3-95831-006-3

© mo media GmbH, Berlin, aktualisierte Neuausgabe März 2015

100% CITYGUIDES

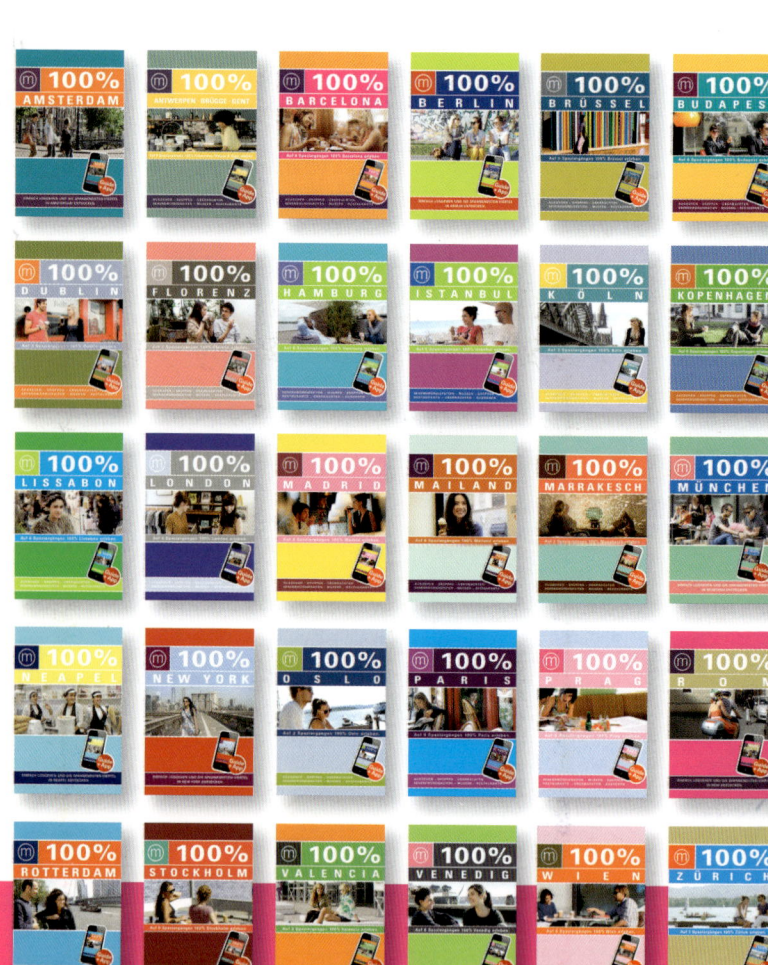

100% TRAVELGUIDES

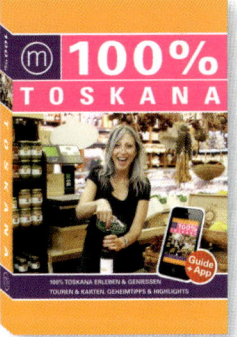

Ausführliche Informationen zum 100% Programm finden Sie auch auf unserer Homepage unter **www.100travel.de**

Meine 100% Geheimtipps
(Notizen und Ideen)

....

....

....

....

....

....

....

....

....

....

....

....

....

....

....

....